運命を好転させる
隠された教え
チベット仏教入門

高野山大学博士（密教学）
清風中学校・高等学校校長
平岡宏一

幻冬舎

運命を好転させる隠された教えチベット仏教入門

高野山大学博士（密教学）
清風中学校・高等学校校長
平岡宏一

幻冬舎

運命を好転させる隠された教え　チベット仏教入門　目次

第二章 菩提心《ぼだいしん》とは何か

第三章 忍辱《にんにく》 怒りの感情に急ブレーキをかける工夫

第四章 精進　善きことを積極的に行う理由

第五章 禅定　幸せになるための隠された教え

装幀/小口翔平+畑中 茜(tobufune)
装画/大津萌乃
協力/稲垣麻由美
DTP/美創

はじめに

◆生きるとは、仏教とは、何か――◆

自分の心が変わらなければ、運命は変わりません。
しかし、仏教を正しく実践《じっせん》すれば、自分の心を変えることができ、さらに、自分の運命さえも変えることができるのです。

この本では、そんな仏教の本質を、八世紀インドの伝説の僧・シャンティデーヴァの典《てん》籍《せき》『入菩薩行論《にゅうぼさつぎょうろん》』を中心に、ダライ・ラマ法王をはじめ、チベットのラマ[*1]方の教えをもとに詳《つまび》らかにしていきます。

さて、『入菩薩行論』について、ここで少し詳しくお伝えしましょう。
チベットでは僧俗を問わず、千年以上にわたって最も支持されてきた著作です。特にダライ・ラマ十四世が各所で行った説法会で最も多く取り上げてきたもので、チベット人が宗派を問わず親しんでいる典籍です。

残念ながら、日本では近年まであまり知られることはありませんでした。十世紀に宋の天息災《てんそくさい》という僧が漢訳し、『菩提行経《ぼだいぎょうきょう》』という名で我が国にも伝わっていたようですが、解説者がいなかったためか、広まらなかったようです。

私がインドに留学してすぐ、まだチベット語が不自由だった私に、唯一英語で話しかけてくれた寺の執事の方から、「『入菩薩行論』を読むと、いつも自分の行動を見直そうと思う。宏一も機会があれば、ぜひ読んで欲しい。私は涙なしに読むことができない」と何度も言われたことをよく覚えています。

また、私の師匠、ロサン・ガンワン師ががん末期の治療中に、ダライ・ラマ法王から、「人生の最期には『入菩薩行論』を読んで心を整えよ」とアドバイスされているのを私はそばで伺っておりました。

『入菩薩行論』はチベット人にとって、仏教の神髄《しんずい》そのものといっても過言ではないでしょう。

さて、人は誰もが皆、楽を求め、苦から離れたいと思っています。我々はどれほど大きな楽が訪れても満足することはなく、飽くなき楽を欲する者である点で等しいのです。また、我々は小さな苦しみをも望みません。例えば、他人が発した言葉で生じた些細《ささい》な不快感でさえも、全く望まないという点で共通しています。

シャンティデーヴァは、仕事などの世間的なことで楽、いわゆる成功のようなものを得ようとしても、実際、楽を達成できるかどうかは不確実だが、仏の示す実践は、実践すれば必ず楽を達成できるとしています。

また、確実に仏教の教えに沿って利他の気持ちで行動すれば、釈尊《しゃくそん》の教えは欺《あざむ》き無きゆえに、その功徳《くどく》を必ず後で得られるものと説いています。

では、仏教とはいかなるものなのか。それをどう実践すればよいのか。何から始めればよいのか。順番にわかりやすくお話ししていきましょう。

◆心をアップデートして仏に近づく――◆

仏教と、それ以外の宗教の一番の違いは何でしょうか。

それは創造主を想定するか否かです。例えばキリスト教やイスラム教では、神は創造主であり、人間は神の創造物です。従って、人は帰依《きえ》*2や善行《ぜんぎょう》により神から祝福を受けますが、人が神になることは決してありません。

しかし、仏教における最終のゴールは成仏《じょうぶつ》です。それは即《すなわ》ち、釈尊と同じ境地の仏様になることを意味します。釈尊と同じ境地になるとは、なんともおこがましいように思われるかもしれませんが、仏教では、成仏した後は全ての仏は全く同じ境地に至《いた》るとされ、そこに優劣は全くないのです。従って、他の宗教と同じく、救い手に対して帰依すると同時に、自分の心をどういうふうに仏に近づけていけるか、アップデートできるか、これが仏教においてとても大切なポイントとなります。

さて、心をアップデートしていくとは、どういうことでしょうか。

具体的な例として、身内の話で恐縮ですが、こんなことがありました。

私の母方の祖母は祖父が逝去した後、認知症になりました。認知症のせいで不規則な発言をするたびに、母がきつく注意をしていました。私は母に、「認知症だから仕方がないでしょう。そんなきついことを言ってもわからないのだからだめだよ」と何度も伝えました。

しかし、母としてはしっかりしていた祖母に戻って欲しいとの思いから私の言葉が受け入れられず、注意を繰り返し、そのたびに祖母はパニックを起こしていました。そして、最終的には完全に重い認知症となってしまったのです。母はひどく後悔し、当時、我が家に逗留中であった私の師匠、ロサン・ガンワン師にこうお尋ねしました。

「母親に対して、とてもひどいことをたくさん言ってしまいました。そして、母を本当に苦しめてしまいました。この悪業《あくごう》を、私はどうしたら浄化できるでしょうか」

すると、ロサン・ガンワン師は、こうお答えになりました。

「悪業なし」

なぜ、悪業なしかといえば、母は自分の母親をいじめてやろうと、憎しみを持って言ったわけではありません。母親にしっかりして欲しい、という一心で、そのような行いをし、結果として母親を苦しめてしまったわけです。その結果はだめだったけれど、根底にあるのは母親を思う利他の気持ちだと。従って、その行為、その思いに、「悪業なし」とお答えになったのです。

また、ロサン・デレ師に次のような寓話《ぐうわ》を伺ったことがあります。

釈尊の時代に、ビンビサーラという王が、釈尊と弟子を招いて昼食のおもてなしをしました。その様子をある貧しい老婆が近くで見ており、王の徳の高さに感心し、王の長寿を祈りました。

そして、釈尊や高弟方の食事が終わる頃、釈尊が王に、「何か願いはありますか?」とお尋ねになったのです。

王は、「私のために祈願して欲しい」と思いましたが、王としての体面があったので次のように答えました。

「今日一番の徳積みをした者のために、祈願をお願い致します」と。

すると釈尊は、それに応えて老婆の名をあげて祈願をしたので、王は困ったという話です。

王は当然、善業《ぜんごう》を積みました。しかし、王には慢心《まんしん》がありましたが、貧しい老婆には慢心がなく、純粋に王の行為を随喜（他人の善業を心から素晴らしいと喜ぶこと）しました。そのため、王より老婆の方が積んだ徳は勝《まさ》ったのです。

費用と手間を掛けて善業を積んだのは王です。老婆は随喜しただけです。しかし随喜しただけの方が、功徳が勝ったというこの寓話は、「仏教では行為以上に動機が大切」という本質をよく表しています（ちなみに随喜には、自分の善業を喜ぶことも含まれます）。

仏教は要するに「モチベーションの宗教」であり、いかなるモチベーションで行動するかが全てです。つまり、どう心がけたのかで、悪業《あくごう》を積んだり、善業を積んだりすると考えるのです。そしてそれが「因」となって、「楽苦の結果」を受けると考えます。つまり、「因果応報の法則」なのです。

◆大乗《だいじょう》仏教の道しるべ『入菩薩行論』――◆

仏教には、自己の解脱《げだつ》を求める「上座部《じょうざぶ》仏教」（いわゆる「小乗《しょうじょう》仏教」）と、一切衆生《いっさいしゅじょう》（生きとし生けるもの）の救済を目指す「大乗仏教」の二つがあります。

前者はスリランカ・タイ・カンボジア・ミャンマーなどに伝わっており、後者は中国・チベット・韓国・日本・ベトナムなどに伝わったものです。日本に伝わった伝統仏教は全て大乗仏教です。

この大乗仏教には、インドより中国を経て韓国、日本に伝わった「漢訳経典を中心にする仏教」と、インドよりチベットに直接伝わった「チベット仏教」の二つがあります。

前者は中国の文化レベルが高かったため、仏教が中国化して伝わったといわれますが、後者ではインド文化とチベット文化のレベルの差があまりに大きかったため、チベット化せず、インド仏教がほぼそのまま伝わったといわれます。

実際、漢訳の大蔵経《だいぞうきょう》[*3]に比べ、チベット大蔵経は数倍の量があり、よりインド後期仏教のかたちを正確に伝えるものとされているのです。

また、チベット仏教には四大宗派[*4]があり、その最大のものはダライ・ラマ法王を中心とするゲルク派です。私はゲルク派の密教の総本山ギュメ寺に一九八八～八九年にかけて二年間留学しておりました。そして、後にギュメ密教学堂第九十九世管長になるロサン・ガンワン師に師事する機会を得たのです。

また留学帰国後は、当時東洋文庫に在籍されていたデプン寺ゴマン学堂元貫主のテンパ・ゲルツェン師に就いて五年間学び、ツォンカパの入中《にゅうちゅう》論《ろん》註釈《ちゅうしゃく》『中観密意解明』をすべて伝授していただきました。さらに、ガンワン師の遷化《せんげ》後、留学中に『入中論』などの指導を受けたギュメ密教学堂第一〇一世管長でセラ寺チェ学堂第七十五世貫主となったロサン・デレ師に就き、現在もチベット仏教を学んでいます。

近年はインターネットや動画コンテンツの発達により、ダライ・ラマ法王の過去の説法会がYouTubeでいつでも何度でも拝聴できるようになりました。日本にいながらにして法王の説法会から多くを学ぶことができるようになったのです。

ダライ・ラマ法王はパブリックトークの時とは違い、説法会では多くの碩学《せきがく》をはじめとしたチベット僧侶が主な対象者ですので、仏教用語などが当然わかっていることを前提として手加減なしにお話しになります。私も長い時間を経て、最近やっとついて行けるようになりましたが、それは、今までの阿闍梨《あじゃり》方の伝授があってこそのことと感じています。無論、全てがわかるわけではありませんが、自分の理解できた範囲で精一杯、この本に反映させていただく所存です。

さて、大乗仏教において、一切衆生《いっさいしゅじょう》を救済するために仏陀《ぶつだ》を目指す人のことを「菩薩《ぼさつ》」と呼びます。そして、この菩薩となりうるか否かは「菩提心《ぼだいしん》」という心を持てるか否かにかかっているとしています。

この「菩提心」とは、いったい、何なのでしょうか。これについて書かれたもので最も有名なものが、前述した八世紀のインドの僧、シャンティデーヴァによって著された『入菩薩行論』なのです。『入菩薩行論』というと難しそうですが、シンプルに「菩薩行《ぼさつぎょう》に入る方法」という意味です。この著作には次のような言い伝えがあります。

北インド・ブッダガヤの西の国の王子に生まれたシャンティデーヴァは、即位が近づいてきたある晩に夢を見ました。玉座に座った文殊菩薩《もんじゅぼさつ》が出てきて、「ここは私の座である。お前が座るべきではない」と言ったのです。

夢から覚めたシャンティデーヴァは、これは「自分が王位を継承せずに出家せよ」との夢諭《ゆめさと》しだと考え、王位を捨て、大僧院であったナーランダ僧院*5に入ることにしました。

実際には高い境地の修行者であった彼ですが、その生活は外から見ると、寝て食べて排泄するだけのように見えたのです。彼の境地が理解できない血気《けっき》にはやるナーランダ僧院の若い僧侶たちは、年配の僧侶が止めるのも聞かず、シャンティデーヴァを追い出そうとして一計《いっけい》を案じます。それは、彼に説法会を依頼して恥をかかそうというものでした。もしや夜逃げするのでは、との僧侶たちの期待をよそに、説法会当日、玉座に上ったシャンティデーヴァの説法は見事で、そのわかりやすさにナーランダ僧院の僧侶たちは皆、シャンティデーヴァの弟子になったということです。

また、「シャンティ」とは〝鎮める〟、「デーヴァ」は〝神〟の意味で、若い僧たちの高慢を鎮めた神のような存在という意味の渾名《あだな》が付き、シャンティデーヴァと呼ばれたとされます。この説法会の内容が『入菩薩行論』なのです。

私は、デプン寺ゴマン学堂のクンデリン・リンポーチェから拝受したダライ・ラマ法王御自身による註釈書をもとに、ツォンカパの後、ガンデン寺座主となったギャルツァプ・

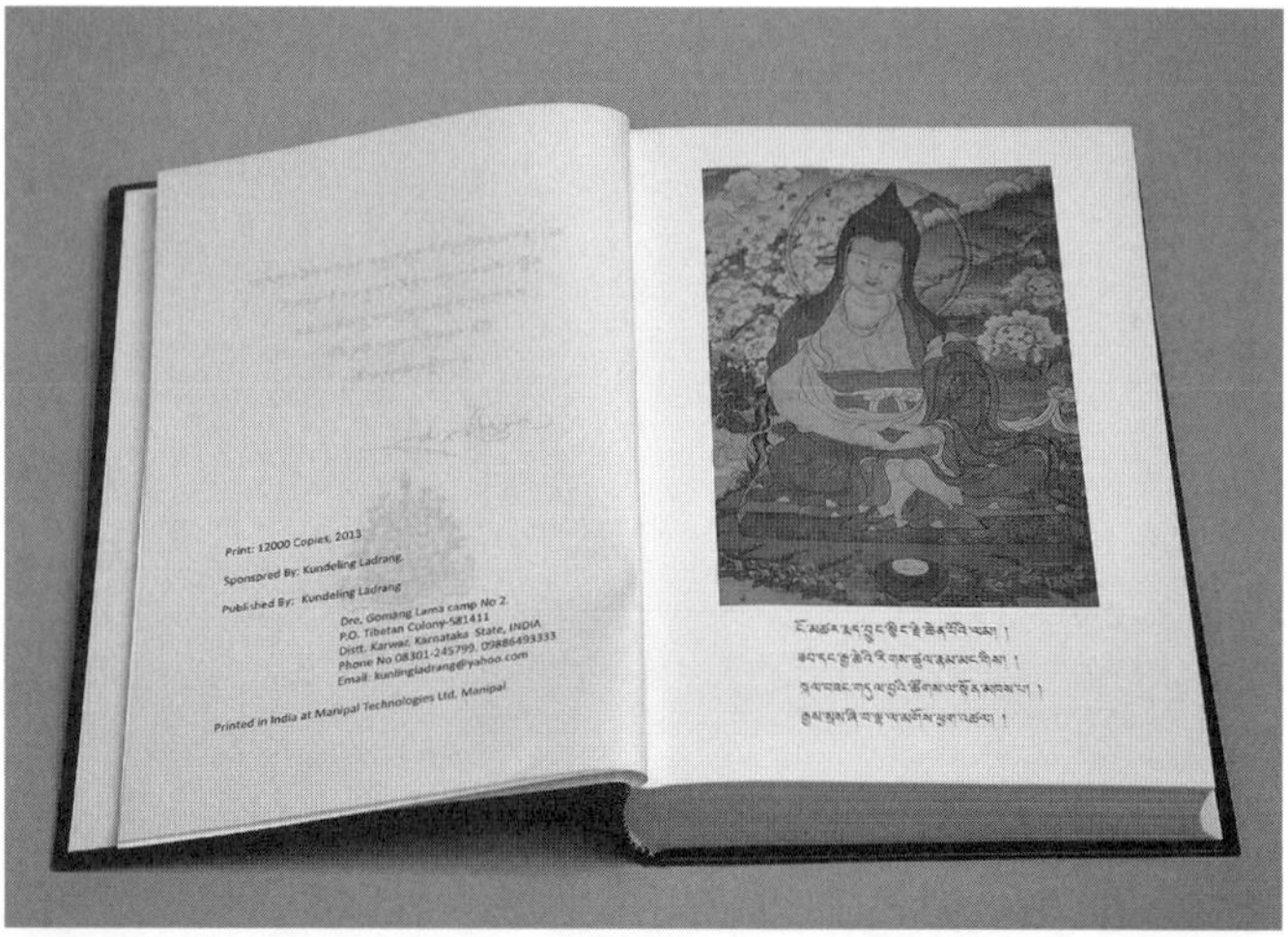
Print: 12000 Copies, 2013
Sponspred By: Kundeling Ladrang
Published By: Kundeling Ladrang
Dre. Gomang Lama camp No 2.
P.O. Tibetan Colony-581411
Distt. Karwar, Karnataka State, INDIA
Phone No 08301-245799, 09886493333
Email: kunlingladrang@yahoo.com
Printed in India at Manipal Technologies Ltd. Manipal

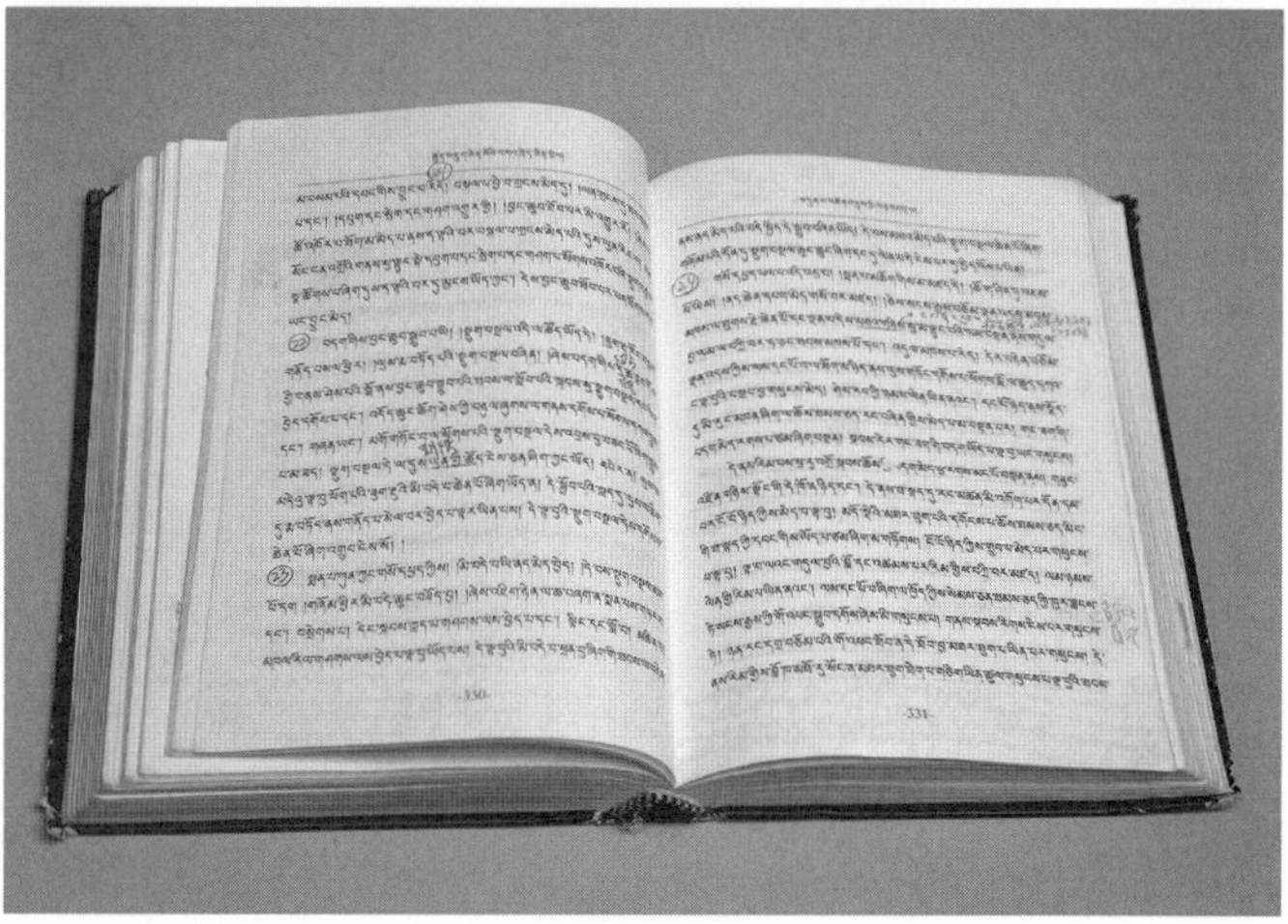
-330-
-331-

ダライ・ラマ14世による『入菩薩行論』チベット語の註釈書

ジェの註釈、私の師であるロサン・ガンワン師のさらに師匠であるロサン・トゥンドゥプ（一九一一〜一九七七）の註釈『入菩薩行論新釈〝ロサン・ラマの口伝〟』（ガンデン寺ジャンツェ学堂図書館コンピューター・センター刊、2008）などを参考にし、京都の雲龍院などで僧侶の方々や有志の方を中心に『入菩薩行論』の勉強会を続けて参りました。

読者の皆様にもできる限りわかりやすく「菩提心とは何か」「大乗仏教とはどんな教えなのか」を説明していくつもりです。

では、『入菩薩行論』をナビゲーターとして、仏教の世界に皆様をお誘いしたいと思います。

＊1―ラマ……師を表すチベット語。チベット仏教、特に密教では、全ての教えは師に伝授されて初めてわかるものなので、ラマを全ての功徳の根源と考え、最も重視している。

＊2―帰依……自分の行状を全てご存じだと思い、全てを任せること。菩薩として自分も仏の徳を備えた存在になりたいと思って全てを任せること。

＊3―大蔵経……釈尊の説いたとされる経典と、それに対する註釈の総称である。チベット大蔵経はカンギュル（仏説部）とテンギュル（論疏部《ろんしょ》）からなり、中国や日本の大蔵経が和漢撰述文献を含むのに対し、チベット人の撰述文献を含まないことが特徴である。

＊4―四大宗派……サキャ派、カギュ派、ニンマ派と、ツォンカパを開祖とするゲルク派である。

＊5―ナーランダ僧院……五世紀に成立したインドのビハール州にあった世界最古の仏教大学。七世紀には、玄《げん》奘三蔵《じょうさんぞう》が留学をしたことで有名である。一一九三年にイスラム勢力の侵入により破壊された。

第一章

悪業を浄化する

◆受けなければいけない苦しみを回避する――◆

仏教では全ては因果応報の法則によると考えます。悪業を積めば苦しみがもたらされ、善業を積めば楽がもたらされると考えるのです。

また、業は善業であろうと、悪業であろうと、強力な方が先に果をもたらし、同程度の業なら、先に積んだものが先に果をもたらすとされます。

釈尊だけでなく過去仏も皆説いたとされる「七仏通誡《しちぶつつうかい》の偈《げ》*1」に、「諸悪莫作《しょあくまくさ》　衆善奉行《しゅぜんぶぎょう》」とあります。「悪いことはするな。善いことをせよ」という意味です。

では、既に積んでしまった悪業はどうすればよいのでしょうか。大乗仏教では、次の四つの力が揃えば、悪業は浄化できるとします。

(1) 懺悔《さんげ》

(2) 所依《しょえ》の力

（3）二度としない誓い
（4）行力《ぎょうりき》

仏教の原則は因果応報です。しかし、ツォンカパの後にゲルク派を継承したギャルツァプ・ジェは、この四力が揃うなら、享受しなくてはいけない悪業も浄化され、受けなければいけない苦しみを回避できるとしています。また、全て揃えて正しく観想《かんそう》（思い巡らすこと）しなければ、悪業は浄化されず、必ず苦しみを享受しなければならないとも述べています。

では、この四つの力について具体的に説明していきましょう。

（1）懺悔《さんげ》

これは自分のなした悪行を悪業として認識し、それを悔恨して懺悔することです。無論、過去世の悪業は覚えていないので、とりあえず、今生の自分の悪業を思い出します。

私の師の一人、ロサン・デレ師は、幼い頃、父親にきれいな羽根を拾って来て褒められた経験から、弱っている一羽の鳥に何度も石をぶつけて殺したことがあったそうです。幼き日の彼は、その鳥から多くの羽根を取り、家に戻って父親に見せたところ、「お前、鳥を殺したろう」とひどく叱られました。

「死んでいた鳥から取った」と言い訳をしましたが、父親は取り合わず、母親が「死んだ鳥だと言っているではないですか」と取りなしても、「これだけ大量のきれいな羽根が死んだ鳥から取れるわけがない。嘘をついている」と言って、デレ師をますます責め立てたそうです。

デレ師は、「この時、父親が自分を褒めていたら、自分は動物を殺すことを繰り返しただろう。そうであったなら、別の人生を歩むことになったと思う」とおっしゃっていました。懺悔の時にはいつもこのことを思い出されるそうです。

自分の人生で一番印象に残っている悪行を思い出し、それが遥か前の前世、前々世の悪業をも代表していると考え、まずは懺悔する。これが四力の最初の「懺悔」の意味です。

(2) 所依《しょえ》の力

所依の力とは、懺悔する対象のことです。

これもロサン・デレ師のエピソードですが、師が初来日され、京都の大覚寺で法要を勤修された後の昼食時に、ある女性から次のような相談がありました。

彼女の友人がカンボジアの首の無い仏像の絵を描いたところ、コンクールで入選したそうです。ですが、それから友人にはろくなことが無く、「首の無い仏像を描いたことと関係があるのでしょうか？」というものでした。

デレ師は即座に「それは関係が大ありだ！　首をつけて仏像を描かねばならない」とおっしゃいました。

法華経の方便品《ほうべんぽん》第二[*2]に「ある者が仏塔に向かって心乱れたまま、一度だけ〝諸仏に帰依《きえ》し奉る〟と言っただけでも菩提に到達する」「童《わらべ》が遊びで楽しんで壁に爪や木片で仏の姿を描いたら、慈悲あるものとなり、菩提に向かわせる」などとあります。

無論、直ぐに功徳があるというよりは、幾世かを経て後のことと思われますが、いずれにせよ、心乱れた者の心に功徳があるわけではありませんし、遊んで壁に落書きしている童に功徳があるのでもありません。

あくまでも、「その対象側、仏自体の力による」というのです。これを「所依の力」といいます。

二〇一四年に種智院《しゅちいん》大学で実施されたダライ・ラマ法王密教講演会で、菅智潤《すがちじゅん》善通寺宗務総長（現総本山善通寺第五十八世法主）が法王に次のような質問をされました。

「密教の修行者が頭頂にオン字、喉にア字、胸にフーン字を観想しますが、その意味は何でしょうか？」というものです。

法王のお答えは「オン・ア・フーンは仏の身口意《しんくい》＊3を指す。仏は三阿僧祇劫《さんあそうぎこう》＊4といわれる計り知れない長期にわたり、衆生《しゅじょう》の利他のみを実現するために修行をして仏果を実現したため、その身口意には衆生救済の加持力《かじりき》＊5が籠《こ》もっている。これを行者自身の身口意に重ね合わすとその加持力がいただける」ということだったと記憶しています。

この場合は、行者の側の働きかけの力、即ち修行の力が大いに関係すると思われますが、基本は仏自身の持つ力によるところのものと考えてよいでしょう。従って、懺悔するにしろ、祈願するにしろ、帰依する対象の側にそれに応え得るだけの力が必要だというわけです。

これを「帰依の力」といいます。

◆何度生まれ変わっても帰依する――◆

ここで少し「帰依」について、詳しく触れておきます。

まず、仏教徒であるか否かの違いは何でしょうか？　もちろん、お墓参りやお寺に初詣をするか否かではありません。「三宝《さんぽう》」に帰依するか否かにかかっています。

では、三宝とは何でしょうか。三宝とは「仏法僧《ぶっぽうそう》」をいいます。仏法僧の関係はチベットでは「医師」「薬」「看護師」にたとえられます。患者が我々凡夫です。「仏」は我々凡夫それぞれの嗜好や性質、前世からの業を知って、その人に最もふさわしい「法」を説きます。それは優秀な医師が患者の症状を見て適切な処方箋を出すのと等しく、そして説かれた法が「薬」です。

薬を服用すれば病気は治りますが、服用しなければ治りません。法を自分で実践できれば、悟りを得ることができますが、実践しなければどんなに仏のそばにいようとも悟りを得ることができないのと同じです。そして「僧」は「看護師」です。仏である立派な医師には気軽に訊くことはできませんが、我々に近しい看護師には何でも気軽に尋ねることができるからです。

生前、ロサン・ガンワン師は、「帰依とは、貴方は全てご存じです、貴方に全てをお任せ致しますということだ」とおっしゃっていました。

この三宝への帰依を、ダライ・ラマ法王は「**懺悔の前のこの帰依を所依の力という（後略）**」（ダライ・ラマ註釈P84 下9～8）としています。

菩提道場《ぼだいどうじょう》＊6に至るまで諸仏に帰依致します。法と菩薩の集まりにも同様に帰依致します。

（『入菩薩行論』第二章 26段）

ここでの帰依のポイントは対象が三宝であることはもちろん、時間の特徴として、**菩提道場**（悟りを得る場所）**に至るまで、**という点が重要です。キリスト教式の結婚式で新郎新婦に「死が二人を分かつまで愛を誓いますか？」と神父が訊きますが、仏教の帰依は死ぬまでではなく、菩提道場に至るまでです。

また、ロサン・トゥンドゥプ師は、次のように述べています。

「この時から始めて無上の菩提道場、即ち菩提樹の下で法身《ほっしん》を実現するまで、それまでの間、諸仏に帰依し、大乗の法宝、菩薩の集まりである聖者にも同様に帰依致します。」
（『入菩薩行論新釈〝ロサン・ラマの口伝〟』P47）

ここにある「法身《ほっしん》を実現する」とは仏果を得る、即ち仏陀になることです。私は最初、自分が死ぬまでなら理解できるけれど、悟りに至るまでというのがどういうことなのか理解できませんでした。来世のことなどわからないではないか、と思ったからです。

しかし、日本でも高野山などでお授けされている「菩薩十善戒《ぼさつじゅうぜんかい》」*7では、「弟子某甲《でしむこう》　尽《じん》未来際《みらいざい》　帰依仏《きえぶつ》　帰依法《きえほう》　帰依僧《きえそう》」と唱えます。弟子某甲とは弟子である私という意味で、尽未来際とは未来永劫《えいごう》を意味します。要するに未来永劫、私は仏法僧の三宝に帰依致しますということです。

これは死後のことはわからないというような中途半端なことではなく、徹底して帰依することを示しています。現に日本ではこの三帰依のあと、さらに三竟《さんきょう》を唱えます。三竟では「弟子某甲　尽未来際　帰依仏竟　帰依法竟　帰依僧竟」と唱えますが、これは三宝への帰依が徹底していることの確認をするものです。

仏教はモチベーションの宗教です。帰依も単に自分の救いを求めて帰依するのではなく、菩提心に裏打ちされた帰依、衆生救済の菩薩道の過程としての帰依であるならば、その功徳は計り知れないとダライ・ラマ法王はおっしゃっています。ならば、今生だけでなく、何度生まれ変わっても仏果に至るまで三宝に帰依するという強いモチベーションで帰依せよ、ということになります。

◆五体投地・全身を伸ばして行う礼拝――◆

帰依を示す行動として「礼拝《らいはい》」があります。礼拝には、言葉で行う讃嘆《さんたん》は「言葉の礼拝」、五体投地《ごたいとうち》*8を行う等の「身体での礼拝」などがあります。シャンティデーヴァの説く身体での礼拝を見てみましょう。

三世の一切如来《にょらい》、法と資糧の最勝《さいしょう》（僧伽《そうぎゃ》）に対し、全ての福田《ふくでん》の微塵《みじん》の数だけ、〔無数の〕**身体を**〔化作《けさ》し〕**恭敬して私は礼拝致します。**

（『入菩薩行論』第二章 24段）

福田《ふくでん》とは福徳《ふくとく》を積む対象のことです。過去・現在・未来の全ての仏と、その教えである法、そして僧伽に対して、その数に見合う自分自身の身体をあらん限り想像して礼拝することです。

実際の礼拝では、額・両手・両膝を着く略式の礼拝と、全身を伸ばして行う五体投地があります。ロサン・ガンワン師の口伝として、「いずれの場合も、両掌の指は伸ばしたまま、指と指の間を開かないで行うように」と教えていただきました。

仏身に備わる三十二相八十種好[*9]という特徴の一つ、仏の掌には衆生を余すことなく救うために水掻《か》きがあるとされますが、このように各々の指の間を開かないで礼拝するのは、その獲得の縁起かつぎだということでした。

所依の力のところで述べたように、仏菩薩はその姿を写しただけでも、功徳があります。それは申すまでもなく、写す側の力ではなく、写される対象である仏菩薩の側の力です。

また、菩薩に敵愾心《てきがいしん》を抱けば、計り知れない悪業を積みますが、きれいな心で接すれば、敵愾心で積むマイナスのベクトルより遥かに大きな力で善業を積むといわれています。これも敵愾心を持つ側やきれいな心で接する側の力ではなく、仏菩薩の側の力、即ち所依の力です。

またここでいう〝きれいな心〟を、ギャルツァプ・ジェは「信仰心」とし、ダライ・ラマ法王も**「信仰心を持ち、菩薩道を自分も望む心」**という解釈をしています。

例えば、初詣に神社に行く習慣があり、〝行かなければ気持ちが悪い〟という感覚があったとしても、それは「信仰心」ではありますが、「帰依」とまではいえません。帰依は自分の全てを委ねる、信仰心の究極のものなのです。

因果応報は仏教の説く大原則で、悪業の果は必ず受けなくてはなりません。その悪業の果を浄化し得るのは、後で説明する「二度としない誓い」「行」など悪業を浄化する側の努力が必要なことはいうまでもありませんが、仏菩薩の側の力、強力な所依の力を借りることなしには悪業を浄化できません。悪業浄化のため、この所依の力を余すことなく引き出すものが帰依なのです。

◆憎いはずの相手が変わっていく――◆

（3）二度としない誓い

導師がた。私の罪と間違いを受け入れて下さい。これは善い行為でないゆえに、二度と私は犯すまい。

（『入菩薩行論』第二章　65段）

ダライ・ラマ法王は、仏菩薩の前で、先になした悪業を強い後悔の心で赤裸々に包み隠さず告白しなければならないとしています。仏は一切智者《いっさいちしゃ》なので、我々が懺悔しようがしまいが、それに関係なくご存じのはずです。従って、これは懺悔する側の深い後悔の度合、本当に悪かったという素直な後悔が必要です。

さて、「二度としない」と誓ったにもかかわらず、もしもしてしまった場合は、どうなるのでしょうか。実は、ギャルツァプ・ジェもダライ・ラマ法王もこれについては何も述べていません。これはあくまでも私見ですが、二度としないに越したことはありませんが、その誓いの実効性よりも、二度としないと決意すること自体が大切なことなのだ、と私は解釈しています。

(4) 行力《ぎょうりき》

行力とは、例えば般若心経を唱えたり、写経するなど、仏教の実践のことをいいます。

また仏教では、「我々には存在が実体を持って存在している」という潜在的な思い込みがあるといい、この思い込みのことを「諦執《たいしゅう》」といいます。この諦執こそが悪業の原因となります。

例えば、自分の気に入らない対象に対して、実際は様々な関係性によってそう感じているにもかかわらず、実体あるものととらえ、悪なる対象として益々憎悪を膨らませること。また、好ましい対象も同様で、様々な関係性によってそう感じているにもかかわらず、実体あるものととらえ、善なる対象として益々執着したりすること。

また、実体がないゆえに、自分が感じていたことや印象が変わると、騙《だま》されたと思って執着が憎悪に変わるなど……。日常生活でありそうなことです。

しかし、このような認識により悪業を積むことになるわけですが、実際は、全て分別《ふんべつ》によって仮設《けせつ》しただけなのです。仮設とは、自分の方で分別して、対象を「そうだ」と仮に想定してしまっただけで、対象の側から成立しているものではありません。

例えば、ひどく憎い相手だと日頃思っている人物のことを、他の誰かから「彼があなたのことを『とても敵わない。本当に凄い人だ』と言っていた」と聞くと、憎いはずの相手の印象がちょっと変わってしまうことがあるのではないでしょうか。これは、対象が実体を持って存在していない証拠で、実体があるが如《ごと》く見えていますが、全ては仮設しただけというものです。

このように実体ありという認識、すなわち「諦執」による認識は正しくないと理解することが「空性《くうしょう》」を理解することになります。従って、空性を理解することは高邁《こうまい》な仏教理論で我々凡夫とは関係ないととらえがちですが、実際は我々の誤った認識、物のとらえ方を正すものなのです。確かに難解ですが、空性の理解は悪業を解消していくために重要な意味を持ちます。

次に我々が悪業を積むもう一つの大きな要因は「自己愛」「我執《がしゅう》」です。我執により殺生や悪口など他者に危害を加えたり、蔑視《べっし》したりします。その対治《たいじ》になるものが究極の利他の心、即ち「菩提心」です。従って、ここで行力の最も適切なものは「菩提心の観想」、そして「空性の観想」となります。

◆悪業を直ぐに解消しておかねばならない理由――◆

次に、懺悔して悪業を解消しなければならない理由を考えてみましょう。

私が〔犯した〕**罪を浄化しないで先に死んでしまう。いずれかこれから必ず解脱する、迅速なる方法でお救いください。**

（『入菩薩行論』第二章 32段）

ダライ・ラマ法王はこの箇所を次のように説明しています。長い引用ですが、わかりやすいのでそのまま読み進めていただきたいと思います。

「〔本文前半の〕〝私が〔犯した〕罪を浄化しないで先に死んでしまう〟と、このように罪を強い後悔の気持ちをもって、重要なことととらえて浄化しておかなければならない理由は何かと考えるなら、〔その答えは以下のようである。〕罪の果は苦しみ以外にはありません。我々は苦しみを望まないゆえ、それゆえに、罪を過失と見なさなければなりません。罪の咎《とが》は苦しみです。苦しみを望まないなら、罪を犯さぬよう慎まねばなりません。

〔しかし〕既になしてしまったものにあるのはたった一つの方便で、それは懺悔で浄化することです。

先延ばしせずに今すぐに浄化しなければならないのはなぜかと言えば、〔その答えは以下のようである。〕罪を落とせず懺悔で浄化し尽くすまでに死ぬことが有り得るからです。

〔罪を浄化するまで〕死なないという確証はどこにあるでしょうか。〔本文後半の〕〝いずれかこれから必ず解脱する、迅速なる方法でお救いください〟というように〔人は〕いつ死ぬかはわかりませんが、人生の最後に死が訪れることは決まっています。

死がこの時に訪れるという確証はありません。例えば電車事故などの死の縁がいつ訪れるかわからず、命には別状ないと〔必要な〕医療体制が揃っていることから保証する人などはいても、〔いつまでも〕死なないという保証を百％し得る者は何処を探しても見つけることはできず、いつ死んでしまうかわからないのです。時期が不明の突然死の縁が生じた時、その前に罪を浄化することができなければ、来世は悪趣《あくしゅ》に堕《お》ちることが確定します。それゆえ、何としても私の罪を大急ぎで浄化しなくてはならないのです」

（ダライ・ラマ註釈P86 下10〜P87 上9）

また、シャンティデーヴァは次のように述べています。

信頼できないこの死神は、し終わっていようと、し終わっていまいと関係ない。病気であろうと無かろうと一切〔関係なく〕**突然**〔訪れる。〕**寿命はあてにならない。**

（『入菩薩行論』第二章 33段）

因果応報であるがゆえに、悪業の果は必ず苦しみです。そして死はいつ訪れるかわからない不確定なものです。

先に述べた四つの条件を揃えて罪を浄化しなければ、苦しみは必ず訪れるとしています。従って、悪業の浄化方法がわかっていながら、先延ばししている場合ではないというわけです。

◆無意味な話をしない、悪口を言わない——◆

懺悔で悪業を浄化する考え方は、インド・チベット独特のものではないと私は考えています。日本でも菩薩十善戒などで、「我昔所造諸悪業《がしやくしよぞうしよあくごう》　皆由無始貪瞋痴《かいゆうむしとんじんち》　従身語意之所生《じゆうしんごいししよしよう》　一切我今皆懺悔《いっさいがこんかいさんげ》」と唱えます。

意味としては、「私が輪廻《りんね》の遥か昔の過去世からなしてきた諸悪業は、全て遥か昔から離れることができない貪瞋痴《とんじんち》などの煩悩障《ぼんのうしよう》により身体と言葉と心でなしてしまったものであります。それら全てを今、私は懺悔致します」となります。

菩薩十善戒では、この懺悔文は三帰依などとともに唱えるものであるゆえに、所依の力も含むものといえます。

また十善戒は、下記の十を誓うことです。

・身体での三つ

「不殺生《ふせっしょう》」命あるものを傷つけたり殺したりしないこと

「不偸盗《ふちゅうとう》」泥棒をしないこと

「不邪婬《ふじゃいん》」邪《よこしま》な男女関係を持たないこと

・言葉での四つ

「不妄語《ふもうご》」嘘をつかないこと。偽りを語らないこと

「不綺語《ふきご》」無意味な、飾り立てるだけの中身が無い話をしないこと

「不悪口《ふあっく》」悪口を言わないこと

「不両舌《ふりょうぜつ》」両者に違うことを言って仲違いさせようとしないこと

・心での三つ
「不慳貪《ふけんどん》」他人に与えて後悔しないこと
「不瞋恚《ふしんに》」怒らないこと
「不邪見《ふじゃけん》」因果応報や来世を信じないこと。そのような邪見を持たないこと

この十善戒も「弟子某甲《でしむこう》 尽未来際《じんみらいざい》」で始まります。つまり、「弟子である私は未来永劫、誓います」という内容となっています。まさに〝二度としない誓い〟そのものといえます。高野山の菩薩十善戒では発菩提心の真言を最後に唱えますが、これは発菩提心を観想する行力にあたります。

私自身、初めて日本で菩薩十善戒を授かったときは、未来永劫、悪口を言わないなど、とてもできることではなく、やや不遜《ふそん》な言い方をすれば、荒唐無稽にさえ思われました。

しかし、興味深いことに、二度としないと誓って、それを破ったことについての言及《げんきゅう》は、『入菩薩行論』にもその註釈にも見られないのです。ただ、自分の過去の悪業を反省し、

懺悔して〃二度としない〃と誓うという、その自分の悪業に向き合う反省の度合、懺悔の度合を示すことを中心に考えるなら、合点がいきます。

まさに、日本の菩薩十善戒は四つの力が揃った悪業浄化の儀礼になっているのです。惜しむらくは現在では儀礼的な要素が強く、あまり構造を説明することはないようですが、元来はそのような悪業浄化の意味を強く含む儀式であったのではないでしょうか。

◆煌《きら》めく大阪の夜景を仏に捧げます――◆

さて、「仏への供養」というとどのようなイメージを持っておられるでしょうか? 供物を捧げて仏菩薩にご挨拶する感じでしょうか。ここから、この仏を供養する方法と意味について考えてみます。

蓮華に飾られた湖や池　とても心地よい声を持つ白鳥、広大な虚空《こくう》の端に至るまで、それら全てを心で以《も》って　菩薩と伴う人の中の最高の方々に善く奉《ほう》

献《けん》するゆえ　聖なる福田たるお慈悲を御持ちの方々よ。私を慈しんでこれらをお受けくださらんことを。私は福徳無く、とても貧しくて、私には他の供物は何もない。それゆえ利他をお考えの救世者《ぐぜしゃ》[*10]よ。哀愍納受《あいみんのうじゅ》を垂れ給え。

（『入菩薩行論』第二章　5段、6段、7段）

ここでは、「**蓮華に飾られた湖や池、とても心地よい声を持つ白鳥などの自分の所有物でないものも、心で以って奉献します**」と書かれています。

普通は自分の所有物を献上しますが、修行者は基本、自分の所有物に限ると供物が大変貧相なものになってしまいます。

仏教はモチベーションの宗教ですので、貧相なものだと思いつつ奉献するのは仏菩薩の供養としてふさわしくありません。そこで、自分の所有物でないものも含め、仏菩薩への供物としてふさわしいものを何でも心の中で仏菩薩に奉献するのです。

また、この一節をダライ・ラマ法王は次のように説明しています。

「〔湖や池など〕それらを心で以って奉献しなければならないのが何故かと言えば、自分の所有物のみを奉献しなければならないのなら、各々財力も才能も乏しく、供物も掌に載せる程度のものになってしまいます。それゆえ、ここで自分の所有物とそうでない物、全てを心で以って奉献しなければならないのは、そういう理由なのです」

（ダライ・ラマ註釈P74）

この「心で以って奉献すること」について、私には次のような思い出があります。

一九八九年のことです。留学先のギュメ寺から、ギュメ寺本堂勧進事業でチベットの僧侶達と一緒に日本に一時帰国した際、飛行機初体験であった事務長のトゥプテン・オッセル師が、着陸直前に眼下に広がる煌めくばかりの大阪の夜景に感激し、隣の席で奉献の印を結び、仏に奉献していたのです。

僧院での生活もほぼ一年が過ぎ、当時、私は空港で何度もチベット人と間違われたほど修行の生活になじんでいたので、それが自分にとっては普通の光景でしたが、今、『入菩薩行論』のこの一節を読むと、そのことが鮮明に蘇って来るのです。

次に後半の「**私は福徳無く、とても貧しくて、私には他の供物は何もない。それゆえ利他をお考えの救世者よ。哀愍納受を垂れ給え**」についてです。

まず、ロサン・ガンワン師から伺った、提婆《だいば》が病気になり釈尊がお見舞いに行かれたときの話を致します。

ちなみに、提婆とは提婆《だいば》達多《だった》のことです。提婆達多は釈尊の従兄弟でありながら、釈尊への嫉妬から、仏伝では何度も釈尊の命を狙った人物とされています。

ある時、この提婆が重い病気になりました。

見舞われた釈尊は臥《ふ》せっている提婆の上に手をかざし、「これまで私の慈悲は一切衆生に対して平等であると述べてきた。今ここで、我が母に対する慈悲と提婆に対する慈悲が等しいものであるなら、提婆の病よ、治れ」と祈願されたそうです。すると、提婆の病はたちどころに治ったといわれています。従って、供養しようが供養しまいが、衆生に対する仏の慈悲は平等であるという話です。

◆貧しい者の、精一杯の供養が貴い―――◆

では、なぜ仏菩薩へ供養をするのでしょうか。

それを知るキーワードが「哀愍納受《あいみんのうじゅ》」です。哀愍納受とは、「あなたには別に私の供養など全く必要ではありませんが、私が福徳を積むために、私のためにお受け取りください」という意味です。

仏陀の側からすれば、布施《ふせ》をしようがしまいがその慈悲には何ら違いはありません。しかし、衆生の側からすれば、仏に布施をすることで福徳を積むことができるのです。よって、「**私は福徳無く、とても貧しくて、私には他の供物は何もない。それゆえ利他をお考えの救世者よ。哀愍納受を垂れ給え**」としているわけです。

これについて、ダライ・ラマ法王は次のように述べています。

「奉献する供物がつまらないもので、回数も僅《わず》かしかできなかったとしても、汝（仏）御自身の御慈悲で、これらを素晴らしい供養として哀愍納受を垂れ給えということです。『現観荘厳論《げんかんしょうごんろん》』[*11]に説かれているように、これに対して、不味《まず》い物もまた、最高の味として現れる、と解釈してはいかがでしょう」

（ダライ・ラマ註釈P74 下5〜P75 上6）

ここでいう「奉献する供物がつまらないもので、回数も僅かしかできなかったとしても」とは、経済的に余裕がある人物が怠惰と不信心で行った供養を指すのではなく、経済的に厳しい施主がする、精一杯の供養のことです。

『現観荘厳論』では、不味い物でも仏は最高に美味しい物として享受する、と述べられています。これを指して法王は、衆生が奉献する供養はどんなものであっても、仏は素晴らしい物として享受されるのではないかとされました。

さらに、この「これに対して、不味い物もまた、最高の味として現れる」という『現観荘厳論』第八品の言葉は何を指すのでしょうか。二十世紀を代表する学者で、デプン寺ロセルリン学堂の元管長であるペマ・ギャルツェン師がこう説明しています。

「仏陀には不味い味が最高の味として現れるということは、不味い味それ自体が最高の味に変わったのです。〃〔その〕不味い味がなくなってしまったのか〃という問題ではありません。

即ち、普通の人にとって不味いと感じるどんなものであっても、仏陀の舌に触れた瞬間、〔菩薩行に依って〕先に福徳資糧《ふくとくしりよう》[*12]を習熟し蓄積し終わった威力により、〔不味い物も釈尊にとっては〕最高の味に変わるのです。

例えば、以前、仏陀が〔布施された〕飼料の傷んだ麦をお口にされた時、阿難《あなん》尊者[*13]が〔仏陀の御身体に障《さわ》るのではと〕心配したのに対し、仏陀が歯の間から傷んだ麦を取り出して阿難尊者に与えた。〔阿難尊者がそれを〕食べてみたら、今まで食べたことも無い美味しさを経験したことの如くです。以前に積んだ福徳の力でそのように変化したのです。」

（ペマ・ギャルツェン師著『明瞭な智慧《ちえ》歓喜を生起する心宝』下巻1982 P345 18〜21）

つまり、衆生が自分には徳が足りなくて大した供養ができないと感じ、自分にとっては心苦しい粗末な物であっても、仏陀に供養する際には、仏陀は菩薩行で積んできた福徳の力により、最高のものとして享受することができるというのです。

ここで注意すべきは、まず自分にとって不要なもの、例えば、賞味期限が切れた物など自分が享受しないようなものを供養することはあってはならないということです。私はギュメ寺に留学中、供物の基準は最低でも自分が享受するものを供養せよ、とよくいわれていました。

わかりやすい例でお伝えしますと、先日ある社長さんが、社員の方が神棚にお水をお供えする時に、コップがビショビショに濡れたままお供えするのを見て、「お客様にお水を出す時にそんなコップで出すか考えてみなさい」と注意しておられました。少なくともこの社長さんのような感性は必要だということです。

きれいな心で接すれば、善業は益々増進する旨を先に述べましたが、まさにここで思い出す必要があるでしょう。

その上で、例えば時々ではなく、毎日仏壇のお水を交換して供養するといった自分が精一杯の気持ちでした供養は、たとえコップの水一杯であっても、甘露《かんろ》として仏様は享受されるということです。

◆徹底して、自分自身を仏に捧げる――◆

自身奉献とは、自分自身を仏に捧げるということですが、どんな意味があるのでしょうか。シャンティデーヴァの言葉を続けて見てみましょう。

勝者《しょうじゃ》と仏子《ぶつし》方に、自身を全て奉献致します。最高の菩薩よ 私の全てをお受け取りください。恭敬を以って、汝の民となりましょう。私を悉《ことごと》くお受け頂きましたゆえ、輪廻を恐れず、有情《うじょう》を利益《りやく》致しましょう。以前の罪は落とし、他の罪は犯すまい。

（『入菩薩行論』第二章 8段、9段）

自分の所有物でないものを心で奉献するのは、ある意味、難しいことではありません。しかし、自身奉献は事情が異なります。

「**勝者**（仏陀）**と仏子**（菩薩）**方に、自身を全て奉献致します**」とは、自分が少し力を貸しますというようなことではありません。また、「**私の全てをお受け取りください。恭敬を以って、汝の民となりましょう**」の意味は、全ての衆生が成仏するまで、つまり人に強制されたのではなく、自ら進んで、恭敬をもって汝の民になるということです。ここでの「汝」とは仏のことです。

仏とは、衆生済度《しゅじょうさいど》のみを目標に発心し、利他行に徹して、利他を貫徹するために成仏した存在です。従って、自分も自利を求めず、徹底して利他であるよう心掛けるということになります。

我々は悲しいかな、我執で自分の身体などに強く執着しています。利他行に徹底している仏菩薩に自身を奉献することは、自分の身体、自分の気持ちなどの強い自己愛、利己主義と対決して克服し、利他行に自分も徹しようというものです。よって、自身奉献とは、かたちは仏菩薩に自身を奉献しますが、実際は一切衆生に自分を捧げることを意味しているのです。

また、僧侶が法衣を纏《まと》う意味について、ダライ・ラマ法王は、「自分が利他行に徹する仏の後に続く者であることを自覚するため」とおっしゃっています。それによって自分は人を騙してはいけない、命を奪ってはいけない、と思うことができるのだと。

行苦である身体を受け、輪廻の中にある我々凡夫は、遥か昔から煩悩の力に支配されています。僧侶になったくらいでそれを克服できるものではありません。しかし放っておくと、煩悩に従うまま利己的な行動で悪業を重ねてしまいます。僧侶になれなくとも、利己的行動に陥りがちな時には、自分を仏に奉献した身だと思い出し、少しでも親切心を持って利他を心掛けることが必要だと説かれています。

◆大いなる目的と、澄み切った心で――◆

シャンティデーヴァは、心でイメージしたものを供養する、「浴室の供養」なども説いています。例えば、以下のようにです。

浴室はとても良い香りが立ち込め、水晶の床は明るく光輝き、宝石が煌めく美しい柱や、真珠の光る天蓋《てんがい》のあるそこで如来とその仏子がたに対して多くの宝の瓶を満たされた快い香で、歌や奏楽を以って御身体を洗って差し上

げる。

（『入菩薩行論』第二章 10段、11段）

このように心でイメージする他に、衣装の供養や宮殿の供養など十二種の供養[*14]を説いたのち、最後に無上の最高の供養を説かれています。それが以下の文です。

いずれか文殊を初めとする〔菩薩がた〕が 諸々の勝者を供養なさったように、私は、如来、救世者、仏子《ぶつし》などに供養致します。

（『入菩薩行論』第二章 22段）

この文がどうして無上の最高の供養なのでしょうか。ダライ・ラマ法王は、この文意を

「私もまた如来守護尊、仏子がたを、広大な動機で、大いなる目的のために、澄み切った心で供養を無量に化作《けさ》して供養いたします」

（ダライ・ラマ註釈P81 11～13）

と述べています。

ここでいう「**広大な動機で、大いなる目的のために、澄み切った心で**」が意味するのは、生きとし生けるものを悟りへと導く菩提心を動機とし、全ての衆生を涅槃《ねはん》へと導くために自利を求めない澄み切った心で供養をなすというものです。

また「無量に化作する」とは、自分の身体が無数にいらっしゃる仏菩薩と等しいくらいの数になったと思って、という意味です。無上の供養とされているのは、供養物の内容より、供養の動機と目的が異なることをもって位置づけられているのです。

例えば、マスクをする際に、自分がコロナにかかりたくないからと考えるなら、それまでのことになります。しかし、マスクをつけることで自分の家族を守り、ひいては出会う人全ての家族を守ることになると思ってマスクをつけるのであれば、仏教では出会う人の数だけ福徳を積むことになると考えます。

仏に捧げる線香一本でも、自分の無病息災を祈っての供養であれば、せいぜい自分ひとりの健康の功徳だけです。しかし、菩提心を思ってそれを動機付けとし、一切衆生救済のためにした供養では、線香一本という現象は同じでも、功徳は一切衆生の数の分、つまり計り知れないものとなるのです。仏教はモチベーションの宗教です。行為も大切ですが、その動機付け、心の動きが大切なのです。

『入菩薩行論』第五章「正知《しょうち》」の章に次のような言葉があります。

明らかな心一つを生じたことの果は、何れか梵天《ぼんてん》等であるが如《ごと》くには〔心の力を伴わない〕**身口の果はまた劣る行為のゆえにその如くではない。念誦《ねんじゅ》や苦行一切を長い間実践したとしても心が他に散漫でなしたことは　真実を知る方は無意味であると仰った。**

（『入菩薩行論』第五章　15段、16段）

心というものの本性は、対象を照らし出して認識することです。この本性に一心に集中して真言《しんごん》を唱えたり、礼拝行をすると、言葉や身体の行を伴わなくても、梵天などの天界に生まれるほどの功徳があります。しかし、逆に心が伴わない注意散漫な状態では、真言を誦《しょう》する言葉の行や礼拝などの身体の行をどれほど長く行じても大して利益《りやく》はないという意味なのです。

悪業は、我執と利己主義にとらわれていることで積み続けます。利己的な発想を転換しなければ、どんなに真言を誦しても悪業の蓄積を止めることはできません。菩提心や空性理解によって利他的に発想を変えようということです。従って、菩提心を起こし、利他行に徹する菩薩のような動機（思い）で供養をすれば、最高の供養となるのです。

◆たとえ利他をなしても慢心しない――◆

私を悉《ことごと》くお受け頂きましたゆえ、輪廻を恐れず、有情を利益《りやく》致しましょう。以前の罪は落とし、他の罪は犯すまい。

（『入菩薩行論』第二章　9段）

これについてダライ・ラマ法王は次のように説明しています。

「智慧と慈悲円満の仏菩薩の召使として自分を使ってもらうために、そこでの学びは利他の成就と自利を求めないことです。以前になしてしまった罪で自利はもちろん、利他の実践も実行能力が劣ってしまうゆえ、これ以降各々できる限り、各々の罪を捨て、善を成就する努力を何が何でもいたしましょう」

（ダライ・ラマ註釈P76 上6～9）

つまり、菩薩にとって懺悔《さんげ》による悪業の浄化は、単に来世、悪趣《あくしゅ》*15に赴《おもむ》くことを恐れるだけではありません。仏教の原則は因果応報、悪業の果は苦しみです。それは菩薩であっても免《まぬが》れ得ないものです。

『入菩薩行論』第八章に下記のようなものがあります。

〔菩薩は〕**利他をなしても、慢心や驚嘆はない。一心に利他を歓喜するゆえに、異熟《いじゅく》の果を求めることはない。**

（『入菩薩行論』第八章　１０９段）

菩薩は利他の実践自体が喜びで、その善業の果を求めないのです。衆生救済を目的とする菩薩にとって、利他自体が喜びであるならば、利他の実践力が劣ることが苦しみとなります。

その意味で、悪業の浄化もまた、菩薩にとってはそのまま衆生利益の増進につながり、菩薩行として必ず実践せねばならないものといえます。

◆お通夜に枕経をあげるのはなぜか――◆

私が〔死の〕床にあって、全ての親類縁者が周りを囲っていても、命脈が絶たれるとの感受は自分独りで経験するものとなる。閻魔《えんま》の使いに捕まるとき、親族は何の役に立つだろうか。友人は何の役に立つだろうか。その時、福徳一つが救いなのに、私はそれに依らなかった。

（『入菩薩行論』第二章 40段、41段）

ダライ・ラマ法王は、二〇一三年一月九日午前の説法会で「死への臨み方」を次のように言及しています。

「死ぬまでに、広大な善業《ぜんごう》の習気《じっけ》を意識に置くことができていることが肝要です。そしてそれは、それまで仏法になじんでいたか否かが深く関係してくるのです」

死の際に、意識は善なる方向に自然に向くものではありません。むしろ、執着や怒り、恐怖などに苛《さいな》まれ、善い状態とならないことが多いとされます。死に際して心が衰弱していくので、仏法（仏の教え）をイメージすることは難しいのです。

しかし、日頃から仏法を習熟している者なら、そばで幇助《ほうじょ》する者が力を貸せば、心をそちらの方向に向けることができます。善業の意識で今生を終わることがとても重要なのです。親族に執着したり、「今生で唯一の悔いは、あいつをやっつけられなかったことだ」などと敵意を持ったりするのは最悪で、絶対に避けなければならないのです。

死に際して、自分で日頃の研鑽《けんさん》している菩提心、空性などを想念できれば、来世に強く影響します。自分だけでは難しくとも、誰かの力を借りてそのことを想念することができれば、自分で菩提心などを想念するのと同様に、善業による方向づけで今生を終わることができます。そうできればベストですが、難しいようなら信心していた本尊の姿を想念することでもよいとされます。こういったことが、お通夜に枕経をあげたりする根拠なのでしょう。

また、関連して思い出すのは、私がギュメ寺に留学した際の最初の師匠であった、当時の副管長のドルジェ・ターシ師のことです。

師はよく私に「死ぬのはがんがいい。突然死では死ぬ準備ができないからな」とおっしゃっていました。そして、お言葉通り二〇〇〇年八月にがんで遷化されました。私達のインド訪問の日程を聞いて、「残念だが、そこまでは無理だ」とおっしゃっていたそうです。私達がお部屋を訪ねた時には、ドルジェ・ターシ師は右脇腹を下にした釈尊の涅槃《ねはん》の姿で、上から紺の法衣が全身に被せられており、随行《ずいこう》していた弟子が「今朝、逝ってしまわれました」と言って泣いていました。

師の今際《いまわ》の際に、病状の悪化を知った法王からファックスが届いたそうです。そこには「ダライ・ラマ法王と観音菩薩を一体として思念せよ」とあり、それを見たドルジェ・ターシ師は「部屋のものはこのままにしておいて欲しい」と述べ、自分がまた生まれ変わって来ることを示唆《しさ》して瞑想に入り、そのまま遷化されたそうです。

この例は特殊としても、いずれにせよ、日頃から正当な仏法に親しみ、できる限りゆったりした気分にして執着や怒りの方に向かないよう、少なくとも、善でも悪でもない無記《むき》の状態に置くことが、最低限望ましいのです。

◆死も人生の一部・仏教徒の終活――◆

この章の最後に、ダライ・ラマ法王が度々使われる「死も人生の一部」という言葉の意味を考えてみましょう。

我々は必ず死ななければならないことを知っていますが、死を忌《い》み嫌うため、日頃できるだけ考えないようにしています。時々、祖父母の臨終が迫ってくると、死を孫に見せないように部屋から出したなどという話を聞きますが、これなどその典型でしょう。

死はいつ訪れるか、全く不確定なものです。従って、その準備を常にしておく必要があります。しかし、その準備とは、家族に迷惑をかけないようにするというような最近の

「終活」とは違います。

閻魔《えんま》の使いに捕まるとき、親族は何の役に立つだろうか。友人は何の役に立つだろうか。その時、福徳一つが救いなのに、私はそれに依らなかった。

（『入菩薩行論』第二章 41段）

まさに、悔いのないよう準備することです。それには悪業を浄化しておくこと、徳を積むことです。もちろん、菩提心の観想や空性の理解への努力ができればベストですが、ともかく、日頃から仏教になじんでおくことです。

死に際して仏教に心が向くようにするためには、書物などによる啓蒙も大切ですが、同時に正しく仏教を学んだ僧侶が日頃から説教をするなどの活動が必要だと思われます。

近年、臨床宗教師といわれる資格が取り沙汰されていますが、個人的には、臨床宗教師には体系的な仏教の学習が必須だと感じています。そうすれば、本当の大乗仏教徒の〝終活〟をしていく環境が日本でも整うのではないでしょうか。

＊1―「七仏通誡の偈」……釈尊を含む過去七仏に共通するとされる教え。禅宗などで重要視されている。
＊2―法華経の方便品第二……法華経は『妙法蓮華経』といい、二十八章からなる。第二章は方便品といい、法華経の中心で声聞《しょうもん》や縁覚《えんがく》などの全ての教えは最終的に一つであると説く。
＊3―身口意……身体と言葉と心。
＊4―三阿僧祇劫……数えることができない成仏するまでに必要な時間の長さをいう。
＊5―加持力……ダライ・ラマ法王は、仏に威光を受けて、衆生の心が変わることを指すとする。
＊6―菩提道場……悟りを得る場所のこと。例えば、仏伝でいうなら、釈尊がお悟りを開かれたブッダガヤの菩提樹の下をいう。
＊7―「菩薩十善戒」……高野山などで信徒が僧侶から授かる十箇条の戒め。
＊8―五体投地……全身を地面に伏して礼拝する方法。
＊9―三十二相八十種好……掌の法輪や水掻きなどの仏の身体に備わる特徴の総称。
＊10―救世者……世の苦しみを救う人。菩薩や仏。
＊11―『現観荘厳論』……インドの僧無著《むじゃく》が弥勒菩薩《みろくぼさつ》に直接聞いたとされる般若経の解説書。
＊12―福徳資糧……仏教では資糧とは、仏道を歩む上での善根・功徳をいう。仏になるためには、二つの資糧が必要で、空性を学ぶことで積むことができる智慧《ちえ》資糧《しりょう》と、布施などの利他行をなすことで積むことのできる福徳資糧がある。二つは鳥の両翼のような関係で、双方が無ければ成仏することはできないものである。
＊13―阿難尊者……釈尊の十大弟子の一人で、釈尊の随行をしていた。お経の冒頭が「如是《にょぜ》我《が》聞《もん》」（私はこのように聞いた）で始まる際の「私」とはこの阿難尊者を指す。
＊14―十二種の供養……浴室、衣服、飾り、塗香、華、灯明、線香、飲食、宮殿、傘、奏楽と、三宝に宝珠や華などが降り注ぐ間断なき供養の十二種。
＊15―悪趣……輪廻の中で善趣が天・阿修羅・人間で、悪趣は餓鬼《がき》・畜生《ちくしょう》・地獄である。阿修羅は天人になれな

かったことで天人に嫉妬し続ける存在とされる。餓鬼は妖怪やお化けなどである。これらを六道《りくどう》という。何処に生まれるかは前世までの善業と悪業の果に依って決まる。天から地獄まで全てに寿命があり、プドガラはこの中で生まれ変わり死に変わりして輪廻をし続けているとする。

第二章

菩提心《ぼだいしん》とは何か

◆善は弱く、悪はとても強い――◆

『入菩薩行論』第一章のはじめの方にこんな言葉があります。

夜の暗闇を稲妻《いなづま》が一瞬照らすように、仏の力によって世間の人々がわずかの間でも徳の高い考えや智慧を生ずることは稀《まれ》である。

三十年以上前、私がインドに留学していたときの話です。私の留学先のギュメ寺は、バンガロールという都市からさらに車で六時間ほど走ったグルプラという村にありました。日本人といっても、ほとんどの人が日本がヨーロッパにあるのかアジアにあるのかもわからない、そんな田舎でした。

当時、村にはテレビが一台もありませんでした。ちょうど清風《せいふう》学園の学生がソウルオリンピックに出るというので、十六キロ離れたフンスールという町のプレーウッドという会社の社長さんのお宅まで、テレビを見せていただくために伺いました。グルプラ村にはネオンも何もないので、夕方に散歩をしていて日が落ちると、月明かりに眼が慣れるまでは本当に真っ暗闇でした。時々稲光がぴかっと光り、昼間のように一瞬だけ明るくなるのです。先ほどの一文はそんな情景をたとえとしています。

仏教はモチベーションの宗教といいましたが、「貪瞋痴《とんじんち》」、即ち人は「執着」「怒り」「無知」に苛まれながら、ちょっと上手く行けば「慢心」、上手く行かなければ「嫉妬」、他に対する対抗心などの「我執《がしゅう》」によって、日々悪業《あくごう》を積み続けているとされます。そんな中で善行《ぜんぎょう》を積むことは、闇夜に稲光で一瞬だけ明るくなるように非常に稀なことです。善いことをするのは一瞬の夜中の稲光みたいなものであり、あとは、ろくなことをしていないというわけです。

次に『入菩薩行論』には、

すなわち、善は常に弱く、悪は常に耐えようもない程強い。完全な菩提心の他に、どんな善が悪を制圧することができるだろうか。

とあります。ちょっとお寺で手を合わせているぐらい、あるいは、ちょっと電車で席を譲るぐらいの善行では、全く暗闇の中の稲光程度で到底対抗できるものではありません。そういう意味で「善は常に弱く、悪は耐えようもないほど強い」というわけなのです。

しかし、ほんの些細《ささい》な善業しか積めない我々が、そのほんの刹那《せつな》にしか積めない善業を、すなわち、その一瞬の稲光のような善業を「菩提心《ぼだいしん》」という善業に置き換えることができれば、ほんの一瞬の善業でも、一晩中の暗闇に匹敵する悪業を制圧することができるというのです。

さて、ここに出てくる「完全な菩提心」とは何でしょうか？　ちなみに、不完全な菩提心と完全な菩提心があるというのではありません。「刹那であっても、全ての悪業を制圧するほどの効力がある菩提心」という意味です。

◆傲慢さ、怒りを穏やかにする――◆

さて、それほどの善業《ぜんごう》を積める「菩提心」とはいったい何なのでしょうか。それは、生きとし生けるものを全ての苦しみから解き放ち、究極の楽に導こうとする心です。また、それができるのは誰かといえば、仏陀だと看破して、生きとし生けるものを仏果に導くために仏陀を目指す心をいうのです。

そう聞けば、若干荒唐無稽なことに感じるかもしれません。もちろん、これは簡単なものではありません。シャンティデーヴァ自身も次のように述べています。

父であっても母であっても誰であろうと、そのような利他の心があろうか。神や仙人、梵天《ぼんてん》にもまた無いのではないか。彼らにおいてさえ、かつて自分のためにもそんな心を、夢にも起こしたことが無いならば、他者のためにどうして起こすことがあろうか。

（『入菩薩行論』第一章 23段、24段）

しかし、これに関連して思い出されるのが、ダライ・ラマ法王の二〇一三年九月五日の説法会『入菩薩行論』禅定《ぜんじょう》の章の以下の箇所の説明です。

苦難から不退転《ふたいてん》であるべきで、このように習熟した力で　いずれか名前を聞いたら、〔はじめは〕恐れを抱いても、〔やがて〕それがいなければ、不愉快となるようになる。

（『入菩薩行論』第八章　119段）

ダライ・ラマ法王は、亡命以前の自身のお気持ちを正直に「菩提心が素晴らしいことは十分わかっていたが、自分の中でそのような心を起こすことは無理ではないかと思っていた」と、吐露されています。度々このことに言及されているので、ポタラ宮にお住まいの頃はそう考えておられたのでしょう。

しかし、インド亡命後の一九六七年に、現代のシャンティデーヴァといわれたクヌ・ラナ・リンポーチェから『入菩薩行論』を伝授されて以降、菩提心を真剣に考えるようになり、自分には無理だと思って諦めず、何度も心になじませるように習熟させていけば、やがて、実際に自分の現在の境地の延長線上に菩提心はあり、悟りはあると確信するようになった、とも述べられています。

ダライ・ラマ法王御自身、ご自分が菩提心を起こしているとは決しておっしゃいませんが、継続して心に教えをなじませていけば、必ず境地は変わって来ると述べられています。

そしてそれは、自身がダライ・ラマだからではなく、六十年にわたって心の修行を続けて来たからだというのです。

「新たな境地をひと月で生じるのは難しいけれども、何年もかけて生じるように必ず努めなくてはなりません。仏法を実践しなければ、何も変わらないのです」

（ダライ・ラマ註釈Ｐ１４３　５～６）

仏教を学んだことで、傲慢な性格が以前と比べてマシになったり、怒りっぽい性格が少し穏やかになったとすれば、他人がどう思おうが、それは仏教が身になった証です。何十年やってもあまり変わらないなら、毎日、お参りや写経をしていたとしても、大したことではないと法王はおっしゃいます。

菩提心を起こすのは難しいと最初は感じても、繰り返し心になじませていくことが大切で、そうすれば、徐々に菩提心を日々考えることが自然となっていき、やがてそれをしなければ不自然にさえ感じるようになるというのです。

以前、ギュメ寺を一緒に訪れた方がギュメの管長に次のような質問をしました。
この方はコンビニに行ったら必ずつり銭の端数を善意の箱に入れていましたが、「これって偽善の自己満足ではないか」と嫌悪感を感じるようになり止めてしまったそうです。
「そういう気持ちの時にはどうすればいいですか」という質問でした。
管長の答えは「偽善だという気持ちが無くなり、しなければ気持ち悪くなるまで徹底して実践しなさい」というものでした。何か共通するものがありますね。

シャンティデーヴァはさらにこう言います。

有情[*1]たちの頭痛如きを取り除いてやろうと考えているとしても、〔他者の〕**役に立ちたいとの思いがあるから、無限の福徳《ふくとく》を具《そな》えることになるならば、有情各々の不幸をあらん限り、除こうと望んで**〔そしてその有情〕**各々にまた**〔仏果の〕**無限の功徳を成就してあげようと望むなら、**〔比較にならない程の無限の功徳があることは〕**言うまでもない。**

（『入菩薩行論』第一章 21段、22段）

菩提心の目指すところは、とてつもなく難しいことですが、菩提心のことをいつも考え、心になじませていくことができれば、それだけで無限の功徳を積むのは間違いないというわけです。

◆生きとし生けるものは皆母である――◆

仏教は輪廻を前提としています。生きとし生けるものはどれ一つとっても、親しい友や親類であったことも、不倶戴天《ふぐたいてん》の敵であったことも、また、現在の敵もかつては親友であったこともあると考え、親疎や愛憎から離れて平等であると観想（思い巡らすこと）します。

チベット仏教最大の学僧であり、ゲルク派の開祖であるツォンカパが大切にし、菩提心を起こす観想としてよく説かれるものが、次の「因果の七つの教え」です。

①生きとし生けるものは全て母である

②恩を知る
③報恩
④慈しみ
⑤悲
⑥責任感
⑦発菩提心

①生きとし生けるものは全て母である

輪廻の中で、全ての生きとし生けるものはかつて母であったと観想することです。輪廻を前提にした場合、十回輪廻したらお母さんは最高十人、百回輪廻していたとするとお母さんは最高百人、一万回していたら一万人、百万回していたら百万人ということになります。ただ、仏教において輪廻は無始無終、どこから始まっているかわからず、無限にさかのぼれるとしています。

こうして無限にさかのぼると、私達はこの人の元には生まれたことがあるけれど、この人の元には生まれたことがないといえなくなります。どの人の元にも自分は生まれたことがあったとするのです。ゴキブリであっても、トイレに湧くうじ虫であっても、どんな生き物であっても、かつて自分の母であったと考え、観想するのです。

②恩を知る

当然、生きとし生けるものが皆、お母さんであったなら、今生のお母さんと同じように、かつて、お母さんとしてお世話になったのであろうと観想します。

③報恩

次にお世話になったら、お世話になりっ放しにしておかず、その恩返しをしなくてはいけないと観想します。

④「慈しみ」⑤「悲」を合わせて「慈悲の心」

「慈しみ」は〝他者が楽と結びつくことを願う心〟をいい、「悲」は〝他者が苦しみから離れることを願う心〟をいいます。

ここでの大切なポイントは「慈悲」と「愛」の違いです。

「愛」というとキリストの愛のように対等で、「慈悲」というと時代劇の「お代官さま、お慈悲を」などのように上から目線のイメージがあるかもしれません。日本におけるダライ・ラマ法王の講演のテーマも、本来は「慈悲と非暴力」であるべきところを「愛と非暴力」と訳されたりするのは、このイメージのせいでしょう。

しかし仏教的にいえば、「愛」は対象を好きでなければなりませんが、「慈悲」は対象を好きであるかどうかはポイントではありません。

例えば、電車でお年寄りの方が席の前に立たれたり、あるいは赤子を抱いたお母さんが立たれたら、席をかわってさしあげようと思いますが、その際、その席をかわる理由は、そのおばあさんが好きだからではありません。そのおばあさんが立っているのは気の毒だと思うからかわるのです。従って「慈悲」は、対象を好きであるかどうかというのはポイントではありません。

私ははじめ、好きであればあるほどその慈悲心は深いものになると考えていました。しかしダライ・ラマ法王は、「親しい者に対する慈悲は執着が伴うので、むしろ、そうでない者に対する慈悲の方が本物の慈悲である」とおっしゃっていました。

これは、「執着」は自分が中心であるのに対し、「慈悲」は対象である他者を中心に考えるからでしょう。

また、「慈悲の動機」と関係が深い「苦しみ」について、ここで触れておきたいと思います。

◆人生とは苦しみの連続「三苦」である――◆

釈尊がベナレス[*2]で最初にされた御説法である「初転法輪《しょてんほうりん》」[*3]でお説きになったのは、「苦《く》諦《たい》（苦しみ）」についてでした。問題の本質がわからなければ、問題を解決しようと思えないように、人生の本質は苦しみであるとわからなければ、それから離れようとする心、解《げ》脱《だつ》を求める気持ちが起こらないからです。

チベット仏教では、特に「三苦」を説きます。三苦とは「苦々《くく》」「壊苦《えく》」「行苦《ぎょうく》」の三つをいいます。

まず、「苦々」とは病気や怪我といった苦しみです。これは人間だけでなく、動物も理解する苦しみです。

「壊苦」とは楽の原因と思っていたものが苦しみの原因に変わることをいいます。良い人と思って結婚したのに、やがて一緒に居ることが苦痛になって離婚するようなケースです。ダライ・ラマ法王は出家者なので、壊苦のたとえとして車のお話をよくされます。

新車のうちは、それに乗ること自体が喜びですが、三か月も経つとそれが普通のこととなり、何年か経つと、それに乗っていることが苦痛になるという例です。いずれにせよ、これは人間だけが理解できる苦しみとされています。

最後の「行苦」については、私の留学中のお話をさせていただきましょう。


一九八八年にギュメ寺に留学して、最初の本格的な講義である「仏教概論」は、当時の副管長でセラ寺チェ学堂[*4]出身のドルジェ・ターシ師によるものでした。ノートを見ると、八月三十日が一回目で、三苦の講義は九月九日にしていただいています。

ドルジェ・ターシ師は「苦々」「壊苦」の説明の後、私に「行苦とは何だと思うか」とお尋ねになりました。生老病死などと適当に答えたら、師は「全部違う！」とおっしゃり、その後、ご自分の腕を叩《たた》きながら「これだ！」と。つまり「この身体そのものだ」とおっしゃったのです。それは、人はこの肉体に依ってしか生きていけない、という意味でした。

私達は自分の肉体を離れて生きていくことはできません。しかし、その肉体はいつ病気になるか予想もできないのです。寿命を全うできない死を「非業の死」といいますが、寿命を全うしても、老いさらばえていくことから逃れることはできず、人は必ず死ななければなりません。

このように輪廻の中にいて解脱しない限り、いつ病気になるか、死ぬかさえわかりません。この全くあてにならない自分の肉体。しかしこれから離れて生きていくことはできないのです。それが「行苦」です。これは仏教徒にしか理解できない苦しみだとされています。余談ですが、我が師であるロサン・ガンワン師は、「老いは徐々にやって来るからまだ耐えられるが、突然訪れたら気が狂うだろう」とおっしゃっていました。

私達は誰もが天災などで苦しむ人々のニュースを聞けば、気の毒だと思います。ですが、十分に衣食住が足りた人のニュースを聞くと、嫉妬や対抗心を感じることはあっても、たいていい、慈悲は感じえないものでしょう。しかし法王はおっしゃいます。

「それは苦しみ〔というものの本質〕**を正しく認識できていないのです。感受作用としての苦しみ（苦々）のみ以外を苦しみとして分かっていない証拠なのです」**（ダライ・ラマ註釈P66 8～9）

つまり、三苦の中の「苦々」、感受できる苦しみのみを「苦」ととらえている証拠で、輪廻し続けることによる苦しみ、老いさらばえ、必ず死なねばならない肉体を受けてしか生きていけない苦しみ、つまり「行苦」を理解できていない証拠だというわけです。

ダライ・ラマ法王は**「**〔苦を〕**正しく認識するための最高の方法は、自分において苦を考えるのがよい。そして先に**〔自分が苦からの〕**解脱を求める心を観想しなければいけません」**（同上9～10）としています。

自分の問題として苦をとらえられなければ、当然他者に対して苦を観想しようがなく、正しい慈悲も湧きようがないのです。

◆輪廻からの解脱のみを求める小乗――◆

⑥責任感

生きとし生けるものは皆、母であって、恩を受けたとするなら、その恩返しをしなければなりません。そして、生きとし生けるものはどうかというと、皆、輪廻の中で苦しみ続けています。生きとし生けるものが私の母であるならば、私は生きとし生けるものの一人子。苦しむ母をその苦しみから離す責任があると考えます。

大乗仏教では、菩薩行を極めて全ての生きとし生けるものを輪廻の苦から救済し、仏の位に導くことを目標にしますが、上座部仏教では自分が輪廻から解脱することを目的にします。大乗仏教からすれば、自己の解脱のみを求める点が狭いととらえ、これを小乗仏教と呼びました。そしてこの小乗仏教の担い手である釈尊の弟子を「声聞《しょうもん》」といい、自分で自然現象などを見て悟る行者を「縁覚《えんがく》」といいます。

両者は自己の解脱を中心に考える者であるゆえ、慈悲の心は持ち得ていないような印象を受けます。しかし、実際には解脱を求める上で、当然、「三苦」に関する正しい認識を持ち合わせており、「三苦」の中にある生きとし生けるものに対する慈悲は、我々凡夫より遥かに深いといわれています。

では、大乗仏教の担い手である菩薩と何が違うのかといえば、責任感が違うとされています。例えば、苦しむ者に対して声聞や縁覚は深い慈悲を感じ、ともに苦しむ者とありますが、菩薩は他者をその苦しみから救うために、自ら飛び込んでいくのです。この「慈悲」と「責任感」が菩提心を育む最大の要因となります。

⑦発菩提心

ツォンカパの『菩提道次第広論《ぼだいどうしだいこうろん》』*5に、『法集要頌経註解《ほうしゅうようしょうきょうちゅうかい》』*6という経典から次のような引用が紹介されています。

諸々の牟尼《むに》は、罪を水で洗うことはないし、衆生の苦しみを御手《みて》で消し去る

こともない。ご自身の境地を他者に移すこともない。仏法の真実を示すことで解脱せしめるのみである。

これは牟尼、即ち仏や菩薩が、我々の罪を水で洗い流してくださるわけではないし、苦しみを御手で消し去ってくださるのでもない。仏様ご自身の境地を我々に移してくださることもない。仏様は、我々に仏法の真実をお示しくださって、我々にそれを学ばせることのみで解脱に導く、という意味です。

仏教の原則は因果応報です。即ち、善業という因を積めば果として楽が、悪業を積めばその果として苦が訪れるという原則です。そしてそれは、自分の心の有り様と深く関わっています。

仏様に楽を望みさえすれば、叶《かな》えられるというものではありません。どのように動機付けできれば、それが善業となり楽が訪れるのか。逆にどのように思えば、悪業となり苦を受けねばならないのか。

本当に幸せを求めるなら、仏が示した適切な法を羅針盤に、善業を積める方向に心を向けさせるしかありません。一切衆生を救うため、仏陀の境地を目指そうと決意すること。

それが「発菩提心」です。

◆仏の教えを納得感をもって実践するために◆

ツォンカパの『善説心髄《ぜんせつしんずい》』[*7]の中に、仏陀のことばとして次のようなものがあります。

比丘《びく》[*8]たちよ、智者《ちしゃ》[*9]たちよ、恰《あたか》も焼いて切って叩いて黄金を〔本物か否か確かめる〕如く、私のことばも良く確かめよ。〔その上で納得して〕受け入れるべきで、〔私のことばということを根拠に〕尊敬のために受け入れてはならぬ。

これは『カーラチャクラタントラ』[*10]の註釈のことばとされ、ギュメ寺の問答道場の梁《はり》に大きな文字で書かれています。ダライ・ラマ法王も説法会で度々引用され、仏教の特徴を示すものです。

仏陀のことばであっても、黄金が本物か否か焼いたり叩いたりして確かめるようにしっかり吟味し、納得したら受け入れてよいが、仏陀の権威だけを根拠に納得もしていないのに受け入れることがあってはならない、というものです。

なぜなら、納得感が無ければ、心の有り様は変えることができないからです。従って、よく吟味した上での納得感が必要です。

そこで大切なのが「三慧《さんえ》」です。三慧とは「聞思修《もんししゅう》」のことをいいます。これは簡単にいえば、仏法を、納得感をもって心になじませていくための手順です。

「聞《もん》」とは、教えを拝聴すること。知識として知ることもこれに含まれます。

「思《し》」とは、その教えの内容を考えること。黄金が本物か否か、焼いたり叩いたりして確かめるようにしっかり吟味することです。

「修《しゅう》」とは、本来はそれを観想して反芻《はんすう》して心になじませていくことです。瞑想はこれに含まれます。

この「聞思修」は三つが揃って初めて意味をなします。

例えば、「聞」だけなら知識ばかりとなります。ダライ・ラマ法王は、海外の学者は註釈書などが書かれた年代がいつ頃なのか、著者が誰なのか、といった周辺的な知識には詳しいが、肝心の内容についての理解は乏しいとおっしゃっています。

知識が慢心《まんしん》の原因となり、自分の知識が足りなければ嫉妬を呼ぶことになります。

また、ロサン・デレ師もおっしゃっていましたが、海外からチベット寺院に来る方はいきなり瞑想をしたがることが多いのですが、本来は、観想すべき内容を知らずに瞑想することはできません。インド仏教の後継を自認するチベット仏教は仏教論理的思考を重視するからです。

心は度し難くなかなか変わらないように思えますが、納得感が得られると簡単に変わることができます。この納得感を得るためには「思」が大切になってきます。そういう意味で「聞思修」の三慧は三者揃って力を発揮するものなのです。

◆苦も楽も、私たち一人ひとりの業の結果――◆

一切智者《いっさいちしゃ》とは、貪瞋痴《とんじんち》、嫉妬、慢心などの「煩悩障《ぼんのうしょう》」[*11]と、その習気《じっけ》である「所知障《しょちしょう》」[*12]を克服した者、仏陀のことです。

「習気」とは残り香のようなもので、例えば、お酒を飲み干しても、器に酒の残り香が残るように、煩悩障を克服しても、残る煩悩障の残り香のことです。これを所知障といい、煩悩障は克服したけれど、全てのことを知る一切智者にまでは至っていない間の障害を指します。

一切智者というと、グーグルの検索システムのように全てがわかるようなイメージを持たれるかもしれませんが、それは一切智者の一面的なとらえ方です。一切智者の一切智者たる所以《ゆえん》は、衆生《しゅじょう》の嗜好や適性などを知ることによります。

仏教は「はじめに」でも述べたように創造主を想定していません。従って、楽も苦しみも「仏が与えたもうた試練」という考え方は仏教にはありません。楽苦は各々一人ひとりのなした業の結果でもたらされたものと考えます。因果応報の法則に基づくのです。

また、ダライ・ラマ法王は次のように述べています。

「虚空《こくう》と等しい一切有情が究極の楽を備え、すべての苦と離れるためには、有情各々の側から努力して苦のすべての因を無くしてしまうことと、究極の楽の因を成就しなければなりません。それより他に如来がなさる方法は何もないのです。そのために、他の有情が取捨選択するのに間違いない基準を示すためには、有情の適性や考え方、潜在的《せんざい》な力などを如実に知らなければ、何もできないのです」

（ダライ・ラマ註釈P27 下4〜P28 上2）

つまり、有情《うじょう》（心あるもの）の側で自ら努力し、全ての苦と苦の因から離れ、究極の楽を成就することが全てであり、そのための道しるべとして、法を示すことより他に如来ができることはない、とおっしゃっています。どんなに優秀な先生でも、生徒の側でやる気が無ければ、学力の付きようがないのと似ています。

先に「諸々《もろもろ》の牟尼《むに》は、罪を水で洗うことはないし、衆生の苦しみを御手《みて》で消し去ることもない。ご自身の境地を他者に移すこともない」という言葉を引用しましたが、如来にできることは「仏法の真実を示すことで解脱せしめるのみ」であり、良い先生が生徒の適性を知って上手く導いていくように、どのように法を説けば、各々の衆生が心を向上させ、解脱へと向かわせることができるかを理解できていなければならないのです。

さらに、ダライ・ラマ法王は、

「利他を貫徹するためには、或る一面では法を説くその対象〔の衆生〕の適性や嗜好を知るだけでは十分ではありません。〔その者の持つ〕前世からの善業の習気《じっけ》がどれだけあるかなどを知らなければ、〔完全なる利他は〕なしえないのです」
(同前P28 下8~6)

とも述べています。

このように衆生に対して、最も適切な法を説くために、衆生の側の適性・嗜《し》好《こう》、そして前世からの善業の有り様までを知っていなければ、その衆生を正しく導いていくことはできません。一切衆生を苦しみから解き放ち、究極の楽なる境地に導いていくためには、一切智者となる以外には方法がないと考え、仏の位を目指すのです。これが先に述べた「発菩提心」です。

ちなみに、一切衆生を母と観想するなどの菩提心の考え方は、チベットだけのものではありません。この考え方に一脈通じるものが、日本の弘法大師空海の『三昧耶戒序《さんまやかいじょ》』[*13]に以下のような文章で見られます。

「また三世を達観するに、みなこれ我が四恩（父母の恩・衆生の恩・国王の恩・師友の恩）なり。四恩みな三悪趣《さんあくしゅ》に堕して無量の苦を受く。我はこれ彼が子なり。また彼が資なり。我にあらざれば誰かよく抜済せん。この故に、この大慈大悲の心を発すべし。」

これは、遠藤祐純師（大正大学名誉教授）の訳を借りれば次のようになります。

「また（過去・未来・現在の）三世を広く見通すとき、この世界のすべては、わが四恩（父母の恩・衆生の恩・国王の恩・師友の恩）である。（ところが深い恩恵を与えてくれる）四恩はみな地獄・餓鬼・畜生の三つの悪しき世界〔三悪趣〕に堕ちて量り知れない苦しみを受けている。わたしは、彼らの子であり、また彼らのよりどころである。わたしが、この苦しみから彼らを救わなければ誰がよく救済するだろうか。」

自分の父であり母であったものが悪趣に堕ちて苦を受けています。生きとし生けるものが父であり母であるならば、私は彼らの子です。そして私は彼らのよりどころです。私がこの苦しみから救わなければ誰がこの苦しみから救済するのでしょうか、という主張の仕方は、チベットの因果の七つの教えと大筋で酷似しています。

現在、日本では輪廻などほとんど語られなくなってしまい、お寺で「一切衆生が父や母であった」などと説かれることはありません。しかし、チベットでの菩提心の考え方を知ることで、日本にも元来は共通するものであり、何を意図していたのかを理解することができるのです。

◆なぜお百度を踏むと、病気が治るのか？――◆

肉親の病気平癒《へいゆ》を祈ってお百度《ひやくど》を踏めば、その功徳《くどく》で病気が本当に治ることがあります。これは所依《しよえ》の力と自分の積んだ善業の力によりご利益《りやく》があったということです。いくら祈っても善業を積むことなく願いが叶うことはありません。善業が肉親の病気平癒というかたちで果を結んだのです。

また、自らの解脱を求める上座部仏教の声聞《しようもん》は、少なくとも三世において、即ち三回生まれ変われば解脱を得るといわれています。解脱とは煩悩障を完全に克服して、生まれ変わり死に変わりの輪廻から解脱することです。そして、その達成者を阿羅漢《あらかん》といいます。阿羅漢が厳しい修行中に積んだ善業は、解脱して阿羅漢になるというかたちで果を結んだのですが、これらの善業は世間的ご利益であれ、解脱という尊い果であれ、果を結んだ瞬間、その因である善業は力を失います。しかし、「菩提心は違う」とシャンティデーヴァは言います。

他の善は全て芭蕉樹《ばしょうじゅ》のように、果実を生じたら、力尽きてしまう。菩提心の木は、常に実を結んで尽きることなく増進するものとなる。

（『入菩薩行論』第一章　12段）

芭蕉樹が果実を生じたら枯れてしまうように、他の善業は、たとえ解脱を求めてなした善業でさえも、声聞・縁覚などが各々解脱を得たら、因は果を生んで尽きてしまいます。しかし、菩提心によって裏打ちされた「善根《ぜんこん》」*14、つまり、菩提心が動機となってなされた善業は、仏果を得ても尽きることなく増え続けるというのです。

この菩提心に裏打ちされた善業とは、菩提心を起こして後、悟りに至るまでの全ての善業という意味です。そしてそれは、仏陀の位を得て一切智者となったとしても、果をまだ結ばないのです。

なぜなら、菩提心は生きとし生けるものを全ての苦しみから離して、究極の楽である仏陀の境地に導くことを願って生じたものなので、生きとし生けるもの全てが仏陀の位に至るまで果を生じ続けるというのです。

全く逆の例ですが、このことをより深く考えるために、昌泰《しょうたい》の変*15で失脚した菅原道真をあげてみます。

道真が怨霊となって藤原時平や藤原菅根らに祟ったという伝説に沿ってお話しするならば、道真は怨霊になるのが目的ではなく、復讐《ふくしゅう》を遂《と》げることが目的であり、復讐が全て終わるまでその強い思いは消えません。ちなみに道真の霊力を恐れ、その霊を鎮め、またその霊験にあやかろうとして神として祀《まつ》られたものが北野天満宮です。

菩薩の場合も衆生を仏位に導くことが目的で、それが終わるまで、菩提心は効力を失いません。つまり衆生が全て救済され、仏の位に導き終わらない限り、菩提心は消えないのです。菩提心が心に留まる限り、善業は増進し続けるというわけです。

◆日本人は仏教を学ぶために必要な条件を満たしている――◆

心が変わらなければ業《ごう》は変わりません。業が変わらなければ、運命は変わりません。心を変えるには仏教を正しく学ぶことです。この仏教を学ぶための最高の環境が現代人には揃っています。

それは人類の歴史上、非常に限定的な人にしか備わっていない「有暇具足《うかぐそく》（八有暇十具足《はちうかじゅうぐそく》）」という条件が、現代の我々には揃っているからです。

シャンティデーヴァは、有暇具足について次のように述べています。

この有暇具足は極めて得難い。人間としての意味を成就し得るものである。もし、これを役立てなかったなら、後にこれがこれほど正しく揃うことがどうしてあろうか。

（『入菩薩行論』第一章　4段）

仏教を学び修行することが叶わない八つの条件のことを「八有暇《はちうか》」といいます。以下の八つの条件から自由であること。さらにわかりやすくお伝えすると、仏法を学ぶ暇がない八つの条件から離れることをいいます。

①仏教の無い辺境《へんきょう》に生まれる

②感覚が働かず、仏教が理解できない
③輪廻は無いとか、人間は必ず人間に生まれ変わる等の邪見《じゃけん》
④仏陀が降臨前であること
⑤餓鬼に生まれる
⑥畜生に生まれる
⑦地獄に生まれる
⑧長寿天《ちょうじゅてん》に生まれる

そして、「十具足《じゅうぐそく》」とは、仏教を学び修得するために、満たさなければならない以下の十の条件をいいます。

①人である
②仏教国に生まれる
③感覚が働く
④無間罪《むけんざい》を犯していない
⑤信心がある

⑥仏陀が降臨している
⑦仏陀が転法輪《てんぽうりん》している
⑧仏法が残っている
⑨僧伽《そうぎゃ》*16 がある
⑩教えを説く者がいる、若しくは慈悲の心がある

④の無間罪とは『倶舎論《ぐしゃろん》』*17によると五無間罪のことで、⑴父を殺す ⑵母を殺す ⑶阿羅漢を殺す ⑷仏身に悪意をもって出血させる ⑸僧伽に不和を招く です。

また、⑥「仏陀が降臨している」と⑦「仏陀が転法輪している」の違いについては、増谷文雄《ますたにふみお》*18 氏の『この人を見よ ブッダ・ゴータマの生涯』に、次のような話があります。

それは、釈尊出生間もない頃に、人相見《にんそう》のアシタ仙人*19が生まれたばかりの釈尊の顔を見て、「この方は仏陀となって、法輪を転ぜられるが、それまでに自分の寿命は尽きてしまうため、たぐいなき大法に出会うことはできない」と自分の運命を悲しんで泣く場面のものです。

これは、釈尊は降臨されているが、まだ幼子のゆえにお悟りも得ておらず、転法輪されていない段階です。この場合は⑥「仏陀が降臨している」は満たしますが、⑦「仏陀が転法輪している」、即ち、お悟りを得た後、お説教を既にされているという条件は満たさないことになります。

ちなみに我々は今、情報環境の進展に伴い、ダライ・ラマ法王や多くの異国の高僧の説法を時差なしに拝聴できるようになりました。世界最高レベルの仏教ニュースソースに、誰もが容易にアクセスできるのです。特に日本は、大乗仏教の国で全体の教育レベルも高く、歴史上でもたぐいまれな仏教を学ぶにふさわしい環境だと私は思っています。

いずれにせよ、これらの十八の条件を満たしていることは得難いことで、その条件を満たしている恵まれた環境に感謝するとともに、輪廻の中で同じ条件が揃うことは簡単なことではないことを仏教徒として自覚を促し、頑張って菩提心を起こすように励ますのです。

◆願うだけでなく、実行に移す――◆

菩提心を、要約すれば二種に分かれると知るべきである。即ち、菩薩行を願う心【発願心《ほつがんしん》】と菩薩行を実践する心【発趣心《ほっしゅしん》】である。

（『入菩薩行論』第一章 15段）

行くことを望むことと、〔実際に〕行くことの区別をよく知るように、智者《ちしゃ》はこの二つの区別を順に知るべきである。

（『入菩薩行論』第一章 16段）

菩提心を要略すると、次の二つの心に分類されます。菩薩行を願う心の「発願心」と菩薩行を実践する心の「発趣心」です。

つまり、目的地に行きたいなと思うのは「発願心」で、実際に行くために行動を起こすことが「発趣心」です。

そして「発趣心」をさらに説明すると、仏果を得るための方便（手立て）を自分の心に成熟せしめる〔布施・持戒《じかい》・忍辱《にんにく》・精進《しょうじん》・禅定《ぜんじょう》・般若《はんにゃ》〕の「六波羅蜜《ろくはらみつ》」と、他者の心に成熟せしめる〔布施《ふせ》・愛語《あいご》・利行《りこう》・同事《どうじ》〕の「四摂事《ししょうじ》」をはじめとする菩薩行を学ぶことを仏様に誓い（菩薩戒）、菩薩として実践を開始して以降の心のことをいいます。

六波羅蜜については後ほど詳しく説明しますが、ここでまず「四摂事《ししょうじ》」について触れておきたいと思います。

「四摂事」とは利他行の実践で、他者を仏道に導くための「布施」「愛語」「利行」「同事」の四つの方法をいいます。

「布施」は相手に物を与えたりすること
「愛語」は優しいことばを掛けること
「利行」は身口意《しんくい》、即ち、身体での行動、発言、思い、で他者に役に立つこと
「同事」は上から助けてやろうというのではなくて同じ立場に身を置くこと

発願心と発趣心については、基本的に「願うだけのこと」と「誓って実行に移すこと」の違いと考えてよいでしょう。

◆苦から離れようとして、苦にますます近づく――◆

発願心により、輪廻の中で大果を生じるけれども、発趣心のときほどの間断ない福徳を生じることはない。無辺《むへん》の有情界《うじょうかい》を救うため、不退転《ふたいてん》の心で、この〔発趣〕心を受持する者は、その心を起こした時から、寝ていても、放逸《ほういつ》であっても、徳の力が間断《かんだん》なく虚空《こくう》に等しく生じ続ける。

（『入菩薩行論』第一章 17段、18段、19段）

生きとし生けるものの救済を何としてもせねばならぬと思い、菩薩行を実際学んでいこうと決意し、菩薩戒の約束を承認して、それを守るという誓いを立て、実践に入ることが発趣心です。

寝ている時や休憩している時の心を、善でも悪でもないとして「無記《むき》」といいますが、通常は無記の心の状態で、善業を積むことはありえなくとも、発趣心の力によって間断なく徳を積み続けるといいます。全ての行動が、生きとし生けるもののためになると考えるからです。

私の師匠のロサン・ガンワン師が二〇〇七年にムンバイの病院に入院していた時のことです。随行のチューロ・リンポーチェによると、世界の多くの場所に支部を持つソパ・リンポーチェが師匠のお見舞いにいらしたとき、こうおっしゃったのだそうです。

「一日でも長生きをしてください。師が一日でも長生きしてくだされば、法が一日でも長くこの世に留まる功徳があり、娑婆世界に仏法のお加持《かじ》がございます」

役に立ちたいと思っただけでも、仏の供養に勝るのならば、有情を余すことなく　すべての楽に〔結びつける〕利益に精進するなら、いうまでもない。

（『入菩薩行論』第一章　27段）

ここでの「**役に立ちたいと思う**」とは、単に人の役に立ちたいと思うことを指すのではなく、発願心を指す、と註釈書にあります。また、『三昧王経《さんまいおうきょう》』*20には数えられないほどの仏国土の仏への供養より、発願心は功徳があると説かれています。ならば、さらに発趣心の方が、遥かに功徳があることはいうまでもないとするのです。

しかし、生きとし生けるもので、どれ一つとっても、自利を求め自己愛を持たないものはいません。それゆえ、菩薩が不必要に気を回す必要はないのではないか、とそんな疑問も生まれます。また、発心することにどんな意味があるのかとも。

これについて、シャンティデーヴァは次のように述べています。

苦を離れようと思っているのに、苦そのものに向かっていく。楽を望んでいるけれども、無知で、自分の敵の如《ごと》く潰《つぶ》す。

（『入菩薩行論』第一章 28段）

私はこれを読むと、弘法大師の『秘蔵宝鑰《ひぞうほうやく》』*21にある**「三界《さんがい》の狂人は狂せることを知らず　四生の盲者は盲なることを識《し》らず　生まれ生まれ生まれ生まれて生の始めに暗く　死に死に死に死んで死の終りに冥《くら》し」**という有名な文を連想します。これは愚昧《ぐまい》でありながら、それに気づかず仏法に基づく正しい取捨選択ができない我々凡夫は、輪廻を繰り返しているという意味です。

昨年、清風学園の修養行事で生徒を連れて法隆寺を訪れた際、法隆寺の古谷正覚管長は生徒への訓話の中で、「自分のことばかり考える我執《がしゅう》は、短いタームでしか、ものをとらえることができない。そのため嘘を言ったり、他者を傷つけたりして、狭い視野で損得を考え、かえって損をする」とおっしゃっていました。まさにそういう意味だと思います。

つまり、苦を望んでいないのに、苦の原因が何かわからず、悪業を積んで因果応報の結果、苦しみばかりを招くことになるというのです。

ダライ・ラマ法王は、

「それゆえ、〔菩薩は〕利他のために、獅子《しし》奮迅《ふんじん》の努力をしなければなりません」

（ダライ・ラマ註釈P57 下8〜7）

としています。

仏教は「智慧《ちえ》の眼」を開いて自分で自分の過失を認識し、それを精進努力によって克服していくことで、苦より解脱し究極の楽を成就します。そうできるよう積極的にできる限りのサポートをするのが、大乗仏教の眼目といえます。

◆菩薩はどこにいるかわからない——◆

わずかの衆生に、わずかな時間、普通の食物を与える者。蔑視しながら、半食分だけ与えても善いことをすると褒められる。数かぞえられない有情に、長きに亘って、無上の如来の楽　すべての望みを叶えようと常に与えるならば、言うまでもない。誰であっても〔有情にすべての利益を与える〕**そのような菩薩**〔という究極の〕**お施主にもし仮に敵愾心《てきがいしん》を抱いたら、敵愾心を抱いた数だけの劫《ごう》の間、地獄に留まるものとなると牟尼《むに》が説かれた。**

（『入菩薩行論』第一章　32段、33段、34段）

これは、物乞いに対して傲慢な態度でわずかな物を与えても、あの人は善いところがあるといわれる。全ての生きとし生けるものに究極の楽を与えようとし続けるなら、徳を積み続けることはいうまでもない。しかし、このような菩薩という施主に対して敵愾心を抱いたら、計り知れない悪業となる、との意味です。

この文を読んで私は、円仁《えんにん》の『入唐求法巡礼行記《にっとうぐほうじゅんれいこうき》』の中に、文殊菩薩《もんじゅぼさつ》の聖地五台山《ごだいさん》を訪れた際の以下の感想を思い出しました。

「人々がこの文殊師利《もんじゅしり》菩薩の聖地に入ると、きわめて賤《いや》しげな人を見ても決して軽んじさげすむ心を起こさないようにつとめねばならない。もし驢馬《ろば》に遇《あ》ってもこの驢馬が恐らく文殊菩薩の化身ではないかと疑いの心を起こすという。頭を上げて目に見えるものはなんでも文殊菩薩が身を変えたものではないかという思いが起きるのである。」（開成五年〈八四〇年〉五月十六日の日記より　深谷憲一訳『入唐求法巡礼行記』中公文庫P368）

これは巡礼者《じゅんれいしゃ》が文殊菩薩の聖地で誰が菩薩の化身かわからないゆえに、いやしい者と思っても、傲慢な態度でいることを戒《いまし》める話です。

以前、ロサン・デレ師から次のような、すこし変わったお話をしていただいたことがあります。

それは、ロサン・デレ師の師匠である、ロサン・ワンチュグ師がギュメ寺で〝ゲクー〟という役職をしていた時の話です。

ゲクーとは、学校でいうなら生活指導部長のような役職です。セラ・デプン・ガンデンの三大寺で顕教《けんぎょう》*22を学び終わったゲシェー（仏教博士）は、仕上げにギュメ寺かギュトゥ寺に赴き、一年間密教を学ぶことが慣例となっています。この勉強を終えたゲシェーから順番に三か月ないしは六か月という短期の任期でゲクーを務めます。

ゲクーは短期といえ、寺の規律に関しては管長や副管長以上に絶大な権力を持っており、規律を犯した僧侶を寺から追放するという権限を有しています。

さて、ギュメ寺では朝の法要開始を知らせる梵鐘《ぼんしょう》が叩かれます。最後には数回連打し、僧侶は鐘が鳴り終わるまでに本堂に入堂しなければならない決まりになっています。鐘が鳴り終わったらゲクーは本堂正面の扉に幕を掛けます。幕が掛かれば、それより後は何人《なんぴと》も本堂に入ることは許されず、遅刻者はギュメ寺追放となるのです。

ある朝、鐘が連打される段階で、遠くから本堂に走って来る一人の僧侶が見えました。普段は極めて真面目な僧なのですが、寝坊したのでしょう。その僧侶をよく知るロサン・

ワンチュグ師は、つらい気持ちをおさえて幕を掛けました。幕を掛けたら、ゲクーは視線を一瞬虚空に移してから本堂の様子を見るしきたりです。

ですが、本堂に視線を戻したロサン・ワンチュグ師は何が起こったかわからなかったといいます。なぜなら、その僧侶が自席に座っていたからです。

ロサン・ワンチュグ師は晩年、ロサン・デレ師にこの話をして、「ギュメ寺をあだおろそかに考えてはいけない。誰が菩薩かわからないからだ」とよくおっしゃっていたそうです。

それに類似したことをダライ・ラマ法王の師の一人であった、ツェンシャプ・リンポーチェもギュメ寺でゲクーをした時に体験されたそうです。「人を見かけで判断してはならない、とよく言われた」とロサン・ガンワン師から伺いました。

いずれも一九五九年のチベット動乱でチベット人がインドに亡命する前の話です。

ダライ・ラマ法王は次のように警告します。

「〔誰が菩薩なのか、どこに居るのか分からないゆえに〕**自分を**〔相手より〕**辞を低**

くすることが必要です。自分が全ての他者を尊崇《そんすう》して辞を低くするなら、多くの危険を回避することができます。そのようにしていなければ、菩薩が何処に居るかは分からないから、もし或る菩薩に対して敵愾心を生じる〔ことに結果としてなってしまった〕なら、大いなる過失であるという意味です」

（ダライ・ラマ註釈P60　下8〜4）

◆称賛により慢心をおこすのが凡夫――◆

諸々の菩薩は厳しい重大事態に陥っても罪を生じず、善業が自然に増進する。

（『入菩薩行論』第一章　35段後半）

日頃、立派なことを言っていても、厳しい重大事態に陥ると、日頃言っていることとは真反対で周章狼狽《しゅうしょうろうばい》してパニックになってしまったりすることは、我々凡夫ではよくあります。自戒の念も込めてそうならぬよう心掛けたいものですが、菩薩はむしろ、厳しい重大事態に陥っても、悪業を生じるどころか、自然に善業が増進するとあります。

私はこの「**諸々の菩薩は厳しい重大事態に陥っても罪を生じず、善業が自然に増進する。**」という言葉が好きで、自分もできればそうありたいと思い、座右の銘としています。

しかし、菩薩がそのようにできる根拠は何でしょうか。考えてみましょう。ダライ・ラマ法王は次のような菩薩の祈願を紹介しています。

(一) 苦しいなら、一切衆生の苦を背負って衆生の苦海を枯らしてしまうことができますように。
(二) 楽であるなら、楽とその因で積んだ善根《ぜんこん》で、虚空《こくう》を利益《りやく》で満たすことができますように。

菩薩の慈悲は単なる親切心ではありません。智慧《ちえ》に裏打ちされたものであるゆえに、自分の苦を衆生済度(生きとし生けるものを救う)のための勇気に変えることができるのです。

まず（一）については、自分が苦しい時に、その苦しみで、一切衆生の苦しみを代わりに背負い、衆生の苦しみが私のこの苦しみとして現れ、衆生の苦しみを除去することができるようにと祈願するのです。

そこには、「自分だけがどうしてこんな苦を受けねばならぬのか」というような思いはありません。同じ苦しみでも、「自分の受ける苦しみで衆生の苦しみの代わりとできるなら、これで良い」という納得感が伴うのです。

かつて、私の家で末期がんのために二年間療養されていたロサン・ガンワン師は、「体調が良い日でなければ難しい」とおっしゃっていましたが、体調の少し良い日は、自分のがんにより衆生の苦しみを引き受けることができるよう祈願されていました。

師の病状は悪くなるばかりで、眠れぬ夜も度々あったと記憶していますが、我々は元より、随行のチューロ・リンポーチェに対してもただの一度も情緒が不安定になったり、当たられるようなことはありませんでした。これは「菩提心の観想《かんそう》の力」であったと私は思うのです。

また（二）についても、自分が快適であるからといって慢心《まんしん》を起こしたり、他者に横柄《おうへい》であったり、蔑視したりすることはありません。自分の楽とその楽の因として積んだ善根で、一切衆生、特に苦しむか弱き衆生に利益をもたらせますようにと祈願するのです。

全ては因果応報であり、自業自得です。

自分のなした「悪業の果」は「苦しみ」として自分で受けるしかなく、また、「自分のなした善業の果」は「楽」として自分にのみもたらされるのです。つまり、他者の苦を自分が背負いたいと考えても、そうできるものではなく、自分の善業の果で苦しみの中にある、か弱きものが楽になれるわけでもありません。残念ながら、これらの祈願は難度が高い割には、直ぐに実効性があるものではないのです。

しかし、繰り返しお伝えしているように、仏教はモチベーションの宗教です。苦しい状況でも、このように祈願できれば、納得感だけでなく、計り知れない善業を積むのです。幸福な状態の時も同じです。

通常、普通の凡夫は「世間八法《せけんはっぽう》」にとらわれています。世間八法とは、「楽では喜び、苦では不快になる」「名誉で喜び、不名誉で不快になる」「利益を得たら喜び、損失には不快になる」「称賛されれば喜び、非難されれば不快に思う」ことです。

当たり前のことですが、煩悩多き我々凡夫は、例えば称賛により慢心を起こし、不快感により怒りを起こして情緒をかき乱し、さらに悪業を積むというわけです。ですが、菩薩は厳しい重大事態でも、その悪縁を智慧によって性根を入れて衆生済度する勇気に変えるのです。

そのためには日夜、菩提心の観想を続け、自分のものにする度合いをあげていかねばなりません。その度合いが高ければ高いほど、苦しい事態でも情緒の乱れが少なく、究極的にはそれを糧に迅速に菩薩道を進んでいくことができるのです。

具体的にいえば、菩提心の観想（思い巡らすこと）を続けていたら自分の心にも菩提心が生じるのではないか、という期待感をまず持てることが最初の段階です。

そして何度も観想を続けていく中で、自分の心に菩提心は生じるだろうという確信を抱く段階に至ります。

さらに観想を続けていけば、菩提心の話を聞けば、鳥肌が立ったり、涙がこぼれるようになる段階を経て、衆生を見たら自然に自分が仏果を成就して早く菩薩道に導いてあげなくては、という気持ちが起こるようにまでなり、それが本当の発菩提心だとされています。

なかなか難しい話かもしれません。しかし、ダライ・ラマ法王は、菩提心をわずかでも観想し、空について思い巡らすことがほんの少しでもできるようになれば、人生は絶対に変わってくるとおっしゃっています。

我々凡夫でもこのように意識し続ければ、必ず運命は変わるのです。

◆悪縁でもやがて仏縁・良縁となるということ――◆

誰か心の聖なる大宝を生じるその方のお身体に礼拝する。いずれか危害を加えても楽なる縁となるその楽の源に帰命《きみよう》致します。

(『入菩薩行論』第一章 36段)

先に「**菩薩**〔という究極の〕**お施主にもし仮に敵愾心《てきがいしん》を抱いたら、敵愾心を抱いた数だけの劫《ごう》の間、地獄に留まる**」とありました。ここでは「**危害を加えても楽なる縁**」とあります。先と全く別の文意となっていますが、どう考えたらよいのでしょうか。

ダライ・ラマ法王は次のように述べています。

「釈尊《しゃくそん》のジャータカ物語[*23]の中にあるように、菩提心を相続に持つその者に対して、善縁でなく、悪縁を持ったとしても、その菩薩の菩提心の力で〔危害を加えた加害者〕自身が特別な縁を持つことになります。

例えば、〔釈尊の過去世である〕マイトリーバラ王が〔五人の〕羅刹《らせつ》に血肉を与えても、それにより、〔羅刹達は〕未来に〔ベナレスでの初転法輪の釈尊の〕眷《けん》属《ぞく》の最初の〔五人の弟子〕として生を受ける業の縁をもらう話が〔ジャータカ物語に〕説かれています。これもまた菩提心の力なのです。ですから、〔危害を加えても善縁となるなら、〕その者（菩薩）に役に立つのであれば、喜楽を生じることは言うまでもありません。その者（菩薩）に対して危害を加えても、やがて時間をおいて、〔危害を加えた者〕自身に利益をもたらすのであれば、〔ご縁あるすべての人々に〕楽を生じる究極の源となっているのです」

（ダライ・ラマ註釈P63）

これはジャータカ物語の、釈尊の前世であるマイトリーバラ王が五人の羅刹に血肉を与えたところ、やがて巡り巡ってその五人は、釈尊のベナレスの初転法輪の際の五人の弟子となったという故事にちなんでいます。

菩薩に危害を加えた側は悪業を積みます。当然、その報いを受けますが、その報いを受けるだけでなく、もう一つの要素が加わるのです。

それは、危害を加えられた菩薩の側の慈悲の力です。菩薩は生きとし生けるものを救済するという誓願《せいがん》を立てているため、害を加えた側はその誓願の力により仏縁をいただくことになるというわけです。

「縁なき衆生は度し難し」といいますが、まさにそのままの意味で、善縁はもちろん、仏菩薩に危害を加えるような、とんでもない悪縁であっても、巡り巡って仏縁となるのです。

かつて、ギュメ寺の第九十六世管長ドルジェ・ターシ師が『ゲルク派版チベット死者の書』をテーマに講演され、私が通訳をさせていただいた時のことです。「死への過程」の説明で、同じような話が続くため、聴衆が飽き飽きしてきていることを感じた私は、師に「はしょりましょう」と促《うなが》しました。ところが師は「今彼らが興味をもって聴いているか否かが大切ではない。彼らに習気《じっけ》を置くことが大切なのだ」とお答えになり、そのまま続けられました。

習気とは、器に酒を入れたらその酒を飲み干したのちも器に香が残るのと同様に、仏教の教えがその時はわからずとも、習気を置けばいつの日か必ずそれが機縁となって仏教と強く出会う時が来るはずだ、という師の思いでした。仏縁を大切にする精神がそこにはあるのです。

最後にダライ・ラマ法王の以下の言葉を紹介して第二章を終わりたいと思います。

「このような菩提心の本質を知って功徳を見るなら、〝菩提心〟というこのものを必ず修行しなければならないこと、修行するに値するものであること

〔が分かるはずです。菩提心が〕他のものとは違う壮大なものだなと思って心の底から憧れる気持ちが生じて来たら、直ぐには菩提心は生じることは難しくとも〔大丈夫です。なぜなら〕修行をするにはこれ以上のものはないとの思いが出て来たら、それは菩提心に近づいている証拠なのですから」

（ダライ・ラマ註釈P62　下9～4）

＊1―有情……心、意識のあるものを指す。しかし悟りを得た仏は含まない。
＊2―ベナレス……インドのウッタル・プラデーシュ州の街。二五〇〇年前に釈尊が最初の説法を五人の弟子を相手にした場所。
＊3―「初転法輪」……インドの神、梵天に促され五人の弟子に対して釈尊が最初に行った説法のこと。
＊4―セラ寺……ツォンカパの弟子シャーキャ・イェシェー（一三五四～一四三五）によって一四一九年に創建された。ゲルク派の三大寺院の一つ。中にメ学堂とチェ学堂の二つがある。日本の河口慧海などが留学したのは、チェ学堂である。
＊5―『菩提道次第広論』……ツォンカパの著した顕教の修道体系を集大成したもので、仏教の教えを矛盾なく段階的に理解することができる。
＊6―『法集要頌経註解』……仏法の項目を集め要点を偈頌《げじゅ》のかたちでまとめた『法集要頌経』についてのプラジュニャーサムナーハが著した註釈。

＊7―『善説心髄』……ツォンカパにより中観と唯識の思想を対比して論じられている著作。
＊8―比丘……出家して僧伽での規範となる二百以上の戒律を受けた正式な僧侶。
＊9―智者……智慧が優れた人。
＊10―『カーラチャクラタントラ』……無上瑜伽《ゆが》タントラという最高レベルに属する密教経典。世界平和に資するといわれ、ダライ・ラマ十四世が世界中で二〇一七年までに三十四回の灌頂《かんじょう》というカーラチャクラの入門儀式をした。延べ二百万人以上の人が受けたとされる。
＊11―「煩悩障」……貪瞋痴、嫉妬、慢心などをいう。これらは心の本質ではなく、心の表面に付いている垢のようなもので、除去できればそれによって輪廻から解脱することができるとされている。
＊12―「所知障」……煩悩障を克服しても、全てを知ることのできる一切智を獲得するには至っていない間の障害。これを克服できなければ、仏陀になることはできない。
＊13―『三昧耶戒序』……密教の戒律である三昧耶戒の説明をしたもので、弘法大師空海四十九歳の時の著作である。
＊14―「善根」……楽なる報いを受けるための善い業因。
＊15―昌泰の変……九〇一年に左大臣藤原時平の讒言《ざんげん》により右大臣菅原道真が失脚し、大宰府に左遷された事件。
＊16―僧伽……サンスクリット語のサンガの音写で、僧団のこと。
＊17―『倶舎論』……インドの僧ヴァスバンドゥ（世親）によって五世紀頃書かれたもの。小乗仏教の教理を集大成したもので、現在のチベットのゲルク派の総本山では必ず習得するものである。
＊18―増谷文雄……一九〇二年生まれ。東京外国語大学教授、大正大学教授、都留文科大学学長を歴任した。
＊19―アシタ仙人……仏伝に出てくる人相見。
＊20―『三昧王経』……日本人にはなじみのない経典だが、『プラサンナパダー』というチャンドラキールティの著した中論の註釈書に多く登場するため、仏教学者の中では注目される経典である。

＊21—『秘蔵宝鑰』……弘法大師空海の著作で、八三〇年頃に書かれたものである。諸思想を比較し、優劣を説いた『十住心論』を簡略化したもので、真言宗の立場を明らかにする。
＊22—顕教……仏教の中で秘密にせずに、わかりやすい言葉で顕《あらわ》に説かれた教え。菩提心を起こして菩薩として無限の期間に輪廻を繰り返し成仏を目指す教えである。
＊23—ジャータカ物語……釈尊の、人間や動物として生を受けていた前世の物語。

第三章

忍辱《にんにく》

怒りの感情に急ブレーキをかける工夫

◆人は見えているようには存在していない――◆

変化が激しい現代社会において、思い通りにいかないことは多々出てきます。そういう意味で、アンガーコントロールはますます大きな課題となっています。

私たちはこの怒りの感情とどう向き合っていけばよいのでしょうか。

二〇二〇年十月二日、ダラムサラと台湾の台北をつないでZoomで行われたダライ・ラマ法王の説法会で、台湾の僧侶が法王に、「強い怒りや執着を感じる時、対象と自分の心が共に『空』であると観想するにはどうしたらよいでしょうか」と尋ねました。

それに対し、法王は笑いながら、強い怒りなどにとらわれている時に、空性を観想するのは無理だとおっしゃり、怒りなどにとらわれたりする以前の心が穏やかな状態の時に、空性の観想などの備えをすることの重要性を説かれました。

ここで〝空性〟〝空性の観想〟をするにあたり、イメージしやすい身近な例をあげてみましょう。

例えば、教室にトラブルを起こしがちな生徒がいたとします。担任は彼に手を焼いており、疎ましく感じていたとしましょう。しかし彼の両親は離婚をしていて、父親からの養育費は滞り、母親は病気で失業中であることがわかりました。また彼は自分の行動に自覚がなく、担任に対して差別を受けているように感じ反抗的であったのです。

彼の表面上の姿だけをとらえ、それを彼の実体として怒りを増幅させることはよくありそうなことです。それに対し、彼の背景や気持ちが理解できれば自ずと指導の仕方も変わってくるはずです。様々な角度から広い視野で見ることができれば、表面上の姿とは違う姿が浮き上がってきます。これが空性、即ち「見えているが如くには存在していない。幻の如く空である」です。

怒りに対する備えとして空性の観想は間接的に効果がありますが、直接的に効果があるのは、この章でお伝えする「忍辱」です。

また、ダライ・ラマ法王が『入菩薩行論』の中でも最も重視するのが、この「忍辱」です。私の勉強会に参加しているある経営者の方も、「『入菩薩行論』の忍辱の章は現代のサラリーマンに必須です」とおっしゃっていました。

どのような修行でもその目的とメリットがわかっていれば、その修行は効果的なものとなります。シャンティデーヴァが説く忍辱行の目的とメリットを明らかにしながら、仏教のアンガーコントロールの考え方を見ていきましょう。

まず、シャンティデーヴァは次のように述べます。

千劫《せんごう》で積んだ布施《ふせ》や如来供養《くよう》など　良く行じたものは何であれ全て　一つの怒りでぶち壊す。瞋恚《しんに》の如き罪障《ざいしょう》は無い　忍辱の如き苦行は無い　それゆえ、忍辱に一生懸命、様々な法で観想すべきである。

（『入菩薩行論』第六章　1段、2段）

仏教では、永きにわたって積んだ善業であっても、怒りに駆られるだけで、それまで積んできた善業を全てぶち壊してしまう、とします。

ですが、その際も唯一、怒りによって潰すことのできない善業があります。それは、空性を理解することによる善業です。それ以外の善業は全てぶち壊しにするのです。

他の煩悩、例えば、貪欲によって悪業を積みますが、他の善業を潰してしまうほどの力はありません。怒りはそれ自体が悪業で、他に既に積んだ善業までをもぶち壊しにするので、「**瞋恚《しんに》（怒りの心）の如き罪障《ざいしょう》は無い**」としているのです。

しかし逆に、「**忍辱の如き苦行は無い**」とあるように、怒りに対する対策として忍辱を観想することができれば、これ以上の徳積みは無いというのです。

忍辱は外的攻撃に対して、怒りの感情をコントロールしようというものです。あらゆる腹立たしいと感じることに対して、忍辱行だと自覚して対応すれば、瞬時に計り知れない善業を積むことができるのです。

◆実生活でも怒りはマイナスが大きい——◆

実際の生活でも、怒りの被害は甚大です。

瞋恚の痛苦の心にとらわれるならば、心が鎮まることはない。歓喜と楽も得ることができず、良く寝られなくて安定しない。

（『入菩薩行論』第六章　3段）

御馳走をいただいている時に不愉快なニュースを聞くと、瞬時に心は乱れ、たちまち御馳走の味もわからなくなってしまいます。怒りにとらわれていると、心の不快感はもちろん、そのために夜も眠れないなど、身体にも悪い影響を与えます。

ダライ・ラマ法王には、若い頃、二人の車の運転手がいたそうです。一人はとても気が短い人でした。ある時、その彼が車の下に潜って作業をしていたら、頭をぶつけたそうです。しばらくすると車の下でドンドンという音がしてきました。立腹した彼は車に頭突きをくらわしていたのです。車に頭突きで仕返ししても、車が痛がるわけもなく、頭の痛みがさらに増すだけです。愚かですが、怒りに苛《さいな》まれていると、理由や判断ができない例だとおっしゃっていました。

立腹してひどい言葉を同僚や友達に言ってしまい、後で冷静になってから反省することは、我々の日常ではよくあることです。適切か否かの判断などなく、怒りによって場当たり的にやってしまうのです。

時々、怒りのエネルギーによって自分を支え、復讐を遂げるドラマやヒーロー番組を見ることがあります。また、「煩悩を断つなど考えられない。煩悩があるから人生は楽しい」などという話を耳にします。

このような話は、煩悩が心の本質的な性質だと勘違いしていることから生じているのでしょう。「汚れた鏡の上にこびりついた汚れを落とすように、心の上にのっている煩悩《ぼんのう》という汚れを落とすことができれば、心の本質的な清らかさが現れてきます。これを滅諦《めったい》といいます。怒りが自分を助けるような思いに駆られたり、勇気のように感じることがあるかもしれませんが、本当の勇気は深く思考を重ねた上で出てくるものであり、怒りによって感じる勇気は愚かな勇気なのです」と法王はおっしゃっています。

実際、私も若い頃は、怒りのエネルギーが物事をスピーディーに進める上で必要なものではないかという思いがありました。しかしそれは、「盲目のエネルギーだ」と法王はおっしゃいます。

例えば、怒りを感じる相手がいる場合、実際は相手との人間関係で自分に都合が悪いだけであるにもかかわらず、実体を持って存在すると感じ、相手を〝悪なる本性《ほんしょう》のもの〟と思い込んで益々憎しみを増幅させるというものです。これは正しい認識に基づいていないわけですから、正しい判断を下せないのです。不愉快な時も、怒りにまかせずに冷静に分析し対処するべきなのです。

◆まず、不愉快にならないこと——◆

怒りの問題点が理解できたとして、仏に怒りが起きないようにと祈願しても、怒りがなくなるものではありません。怒りがどうして生じるのか考え、手を打つ必要があります。

シャンティデーヴァは次のように言います。

望まないことや　望むことの邪魔をしたことで生じるものとなり、不愉快の食を得て、瞋恚《しんに》は増長し私を壊す。それゆえ、私のその敵の食を潰すべきで

ある。かくのごとく私に危害をなすこの敵以上の敵は他にない。

（『入菩薩行論』第六章　7段、8段）

怒りの前に不愉快な感情があるというのです。従って、まずは、不愉快にならないように心掛けることが大切です。

一九六七年に『入菩薩行論』をダライ・ラマ法王へ伝授されたクヌ・ラナ・リンポーチェは、「不倶戴天《ふぐたいてん》の敵といっても、その人間にはその人間の生活があり、常に邪魔をしているわけではない。また危害を加えようと考えても、相手も準備が必要だ。しかし、怒りは瞬時に訪れ、常に自分の善業をぶち壊す」と法王にお教えになったそうです。それを指して、「私に危害をなすこの敵以上の敵は他にない」とするのです。

何があろうとも、私は歓喜の気持ちをかき乱すべきではない。不愉快になっても望みは叶わない。善が衰弱する〔だけ〕である。もし改善できるなら、それを不愉快でいてどうするのか。もし改善しようがないなら、それを不愉快に思って何の役に立つか。

（『入菩薩行論』第六章　9段、10段）

この教えはとてもシンプルです。悩んでいないで、方法があるならベストを尽くしましょう。方法がないなら、頭を切り替えましょう、というわけです。

◆煩悩の克服は七転八倒の苦しみ——◆

慣れれば、容易《たやす》くならないものは何もない。それゆえ、小さな危害に慣れることで大きな危害に忍耐できるようにせよ。

（『入菩薩行論』第六章 14段）

慣れれば、容易くならないものの例として、法王は二〇一二年九月六日の説法会で、自分にとっての「空性と菩提心」について次のようにお話しになりました。

「私は亡命前から空性について強い興味は持っていましたが、三十年、四十年と空性を観想して来た中、煩悩の心の垢を落としたら解脱を得ることができるのではと思えるようになり、解脱を得たいと強く思うようになりました。菩提心はチベットにいた若い頃から憧れを持っていましたが、自分の中に生じさせるのは難しいと感じていました。しかし、何度も何度も長い月日の間、観想を続け、二十年、三十年位経つと、菩提心を自分に生じさせることは最初感じていたほど難しいことではないのではないか、観想を続けていたら生じるのではと感じだしました。空性も菩提心も観想を続けたら、自分に生じる、その近くにまで来ていると感じています。

しかし、これはこの説法座に着いているから生じたのではありませんし、ダライ・ラマの名前により、そのような境地になったわけでもありません。観想を続け習熟していったことで、そう感じるようになったのです。ここでいう〝慣れれば、容易くならないものは何もない〟というのはそういう意味です」

（2012年9月6日午後の説法にて）

ずっと以前のことになりますが、一九八四年に日本でパキスタンのガンダーラ美術展が開催されたことがありました。その時、有名な釈迦《しゃか》苦行像《くぎょうぞう》が出品されており、その前でダライ・ラマ法王が三礼《さんらい》をされた、というお話を中村元先生がなさっているのを聞いたことがありました。その頃、まだ私は法王のことをあまり存じ上げなかったので、不遜にもその三礼をされたことについて、少しパフォーマンスのように感じたものでした。

しかしある時、YouTubeで法王の二〇一六年八月十八日のお説教を拝聴していたら、その話題となり、法王のお気持ちを知ることができたのです。

ポタラ宮にはダライ・ラマ十三世が所有していた釈迦苦行像のお写真があったそうです。幼い時からその写真に関心があり、法王は何とか本物の尊像をお参りできたらなとずっと思っていらっしゃったようです。ただ、苦行像はパキスタンのラホール博物館に収蔵されており、インドとパキスタンの関係からそれは叶いませんでした。

しかし、その機会が訪れたのです。日本でのガンダーラ美術展にその像が出品されていて、ちょうどその時期と法王の来日が重なったのです。おかげで憧れのその釈迦苦行像を拝むことができたとおっしゃっていました。

「この釈迦苦行像は、煩悩を克服することは簡単なことではないことを示唆《しさ》している」と法王はおっしゃっています。煩悩の克服はちょっとマントラを唱えたりしただけで楽に達成できるものではありません。煩悩と向き合い七転八倒の苦しい修行の末、初めて達成できるものだということをこの苦行像は我々に思い起こさせてくれるのです。

私も以前、ダラムサラの僧侶から釈迦苦行像のレプリカを頂戴しました。苦行像の姿は痩せ細って悲惨なので、誠に失礼な話ですが、以前はあまり善い印象を苦行像に持っていなかったのです。しかし、このお話を拝聴してから、今まで苦手であったその苦行像も特別なものと思えるようになりました。

「こちらの側から分別《ふんべつ》して仮設《けせつ》しただけ、向こうの側からは成立していない」とは「空」を現す表現ですが、まさにそうだと思います。

さて、本文の説明に戻りましょう。

従って、「**慣れれば、容易くならないものは何もない**」の文意は、例えば、いじめられても対抗せずに受け入れろというような意味はありません。簡単に無理だと思わないこと、また、自分を脆弱《ぜいじゃく》にして怒りを発生させてしまわないようにすることを指していると考えるのが良いでしょう。

◆あおり運転の挑発もやりすごせますか――◆

何度も申していますが、仏教は因果応報の法則です。善業を積めば、楽。悪業を積めば、苦が訪れます。創造主の神に与えられた試練などという考え方はありません。そういう意味で全ては業によるわけです。

しかし、業というと何か変えることができない運命のように思えますが、大切なことは、業は変更可能であるということです。このことはチベット人でもあまりわかっていないとダライ・ラマ法王は何度も述べておられます。

業とは、「作業」「活動」のことです。先に第一章で懺悔により悪業を解消できると述べましたが、業は強力な方が先に来ます。そして同じくらいの強さの業なら先になした方が先に果をもたらすとされています。従って、怒りの感情で悪業を積んでも、空性の観想や菩提心の観想により善業を積めば、解消することはできます。

例えば、カッとしやすい気短な性格の人がいたとしましょう。あおり運転で挑発されたら、乗ってしまう可能性があるかもしれません。しかし、忍辱の章を学んで、煽り運転の挑発を受けてもやりすごすことができれば、それは、本来受けなければならない悪業の果を、忍辱を学ぶという善業によって回避できたことになります。

ダライ・ラマ法王は次のように述べています。

「自分のこの心一つを〔仏法の教えを思い出す〕憶念《おくねん》の力で適切な方向に向けて心を教化することができれば、悪縁や加害者と遭遇すべきそれらの業を積むことなく、先に積んだ諸々の業を変更し得るのです」

(ダライ・ラマ註釈P176 下3〜1)

◆良いこともあたり前になれば不満になる――◆

楽の因はたまに生じる。苦しみの因は甚《はなは》だ多い。苦しみ無くして出離《しゆつり》はない。
それゆえ心、汝は安定を獲得せよ。

(『入菩薩行論』第六章 12段)

我々が通常、求めている物質的楽は多くの場合、長くよっていれば、必ず苦しみに変化する「壊苦《えく》」です。例えば、スマホを買ってその二、三日は嬉しいでしょうが、ひと月経ちふた月経つうちに当たり前となり、数年使っていれば、その機種をまだ使っていることが苦痛になったりすることがあります。第二章でも説明しましたが、これは物質的楽が壊苦である証拠です。

このように多くの楽と思っているものは、享受する回数が増えると苦しみに変わるものがほとんどです。苦しみそのものはもちろんのこと、多くの場合、日常で楽と思っていることも本質は壊苦なのです。物質的な楽とは眼耳鼻舌身の五官による感受の対象です。

しかし、苦しみにも功徳《くどく》があります。第二章の有暇具足《うかぐそく》の避けなければならない条件である有暇の中に「長寿天《ちょうじゅてん》」という項目がありました。長寿天はその場に苦しみが無いため、それから離れようという気持ち、解脱《げだつ》を求める心が起きて来ないのです。

「苦しみ無くして出離《しゅつり》はない」の〝出離〟とは、輪廻から離れ、解脱を求める心です。

釈尊がベナレスで最初の御説法（初転法輪）をなさった時、最初に説かれたものは「苦《く》諦《たい》」、即ち、人生の本質は苦であることでした。

苦しみが無ければ、それから離れる解脱を求める心は起こりません。苦しみと離れたいと考えるならば、その苦しみの原因を探ろうとすることは自然なことでしょう。その苦しみの原因は、「業」と「煩悩」、即ち「我執」「諦執《たいしゅう》」であると明らかにしました。これを「集諦《じったい》」といいます。

例えば、普通、利他の心は善業であるが、空性を理解できない限り、常に煩悩の染汚から抜け出すことはできません。我執によって「私がしてやった」というような慢心を伴ったりするからです。ちなみに、「プライド」という言葉に我々は良い印象をもちますが、本質は根本煩悩である慢心です。

従って、その利他の心の果も輪廻の中での楽という果しか生じないのです。つまり、善業であっても解脱に直接は結びつかず、結果として肉体を受けなくてはいけないという行苦から離れることはできないのです。

病院に行って自分の病気の原因がわかれば、その治療に専念することができます。同様に苦しみによって、解脱を求める輪廻から出離したいという気持ちが起こるのです。そして、自分が解脱を求める気持ちが無ければ、一切衆生を仏の位に導こうとする菩提心も起きようがないのです。従って、苦しみにも功徳はあるというわけです。

ダライ・ラマ法王は次のように述べておられます。

「苦しみの功徳を見なければなりません。苦で心を煩わされることが無ければ、解脱を求める心は生じないのです。苦は善業への促《うなが》しであると考え、苦が私の心を鼓舞《こぶ》するとの思いを持って、その〔苦の〕功徳を見、苦に心をかき乱されないようにしなければなりません」

（ダライ・ラマ註釈P253 下9〜5）

更に、シャンティデーヴァは次のように言います。

他にまた苦しみの功徳は、悲しみで傲慢を除去する。輪廻するものに慈悲を生じ、罪障を嫌悪して善を喜ぶものとなる。

（『入菩薩行論』第六章 21段）

他に苦しみの功徳として、上手くいかないことで悲しみが生じ、慢心が起こることを除去できるとしています。そして、自分の苦しみから他者の苦しみを類推《るいすい》し、輪廻の苦しみにあえぐ衆生に慈悲をより深く感じるようになるのです。また、苦しみの原因は悪業を積むことだと感じ、罪障を嫌悪して楽の因である善業を積むことを喜ぶようになります。

仏教は我々が必ず幸せになれる教えですが、それを正しく選択するか否かは、我々の側にかかっているのです。

根本的な煩悩の一つに仏の教えに対する猜疑心《さいぎしん》があります。仏の教えに猜疑心が生じれば、全ての善業の邪魔になります。猜疑心は真実を知ることを妨げ、取捨選択のポイントをわからなくしてしまうのです。

「**罪障を嫌悪する**」とは、〝悪業の果は苦しみである〟という、因果応報を信じているということです。猜疑心を克服できるからこそ、真実を正しく示す仏陀に敬愛を生じることができるのです。

◆凡夫はなぜカッとなるのか?――◆

執着と怒りのうち、執着の対象は、物や地位、財産など人以外にも無限にありますが、我々の怒りを感じる対象は、大概の場合、人間です。それも普通は凡夫が対象でしょう。

シャンティデーヴァは、凡夫の怒りについて次のように言います。

胆汁《たんじゅう》〔の病気〕**などの苦が生じる大きな源に対し、怒らずに　心がある者達にどうして怒るのか。彼ら全ても縁に依って促されるものである。例えば、望んでいないにもかかわらず、この病気が生じるものとなるように、同様に望んでいないにもかかわらず、否応なく煩悩が生じるものとなる。**

（『入菩薩行論』第六章　22段、23段）

もし他者に危害を加えることが、凡夫達の本性ならば、それに怒るのは不合理で、焼く火に憤慨するに等しい。

（『入菩薩行論』第六章　39段）

つまり、病気になった時に病巣に対して怒ったりしないのに、心ある人間にだけ怒るのはなぜか、とした上で、望んでいなくても病気にかかるように、凡夫は望んでいなくても、否応なく煩悩の力でカッとなってしまうのです。それが凡夫の本性であり、火の本性が熱いのと同じだと考えましょうということです。

互いに折り合わない凡夫の諸々の望みに不愉快がらずに〔煩悩が生じたのでこれらの心が生じたのだ〕**と考えて慈悲を持ち、罪のないようにするには、自分**〔が堕落しないように〕**と有情**〔のために〕**なるようにして　幻のように無我にして　この心を堅固《けんご》にすべきである。**

（『入菩薩行論』第五章　56段、57段）

「**互いに折り合わない凡夫**」について、ギャルツァプ・ジェは、「一方に役立つなら、もう一方には怒りを生じさせるような、お互いに折り合わない凡夫の行為」と説明しています。

一方に執着し、その結果、もう一方にはその反動で怒りなどを感じるため、両方が上手く行くようなことができないのが凡夫というものです。
従って、望みが相反することになっても悩まず、凡夫のやることはそういうものだとわかって対応する必要がある、ということです。
しかし、シャンティデーヴァは次のようにも言います。

しかしながら、この過失が偶発的《ぐうはってき》で、有情の本性は善良であるなら、そうであるなら、怒るのは不合理で、空が曇っているのを憤慨《ふんがい》する如くである。

（『入菩薩行論』第六章　40段）

凡夫の本性は善良で、あくまでも煩悩という一時的に不幸な条件によってたまたま立腹しただけであり、本質は違うというならば、たまたま空が曇っていたのと同様で、それに対して怒るのは間違いだと考えましょう。
さらに、次のようにも言います。

◆天災・病気には耐えられても、他人からの攻撃は許せない――◆

そのように全て他力であって、そのせいでそれには力がない。そう知ってから幻の如き全てのものに、怒りを起こすべきではない。（『入菩薩行論』第六章　31段）

私なども怒りにとらわれている時、強い調子で親しい人などに怒りをぶつけておきながら、あとで深く後悔するというようなことは実際にあります。

要するに、我々凡夫の行動は全てが煩悩の強い影響によってなしてしまうものなのです。自分が自在力を以《も》ってなしているわけではありません。「全て煩悩などの他力のせいで、本人にはそれをコントロールする力はない」ということです。

あたかも相手が煩悩の影響なしに自由自在にしているように見えても、実際はそうではないのです。しかし、相手が自分の意志で自由自在になしているように見えるので、自然災害や病気の被害には我慢できても、人のなした被害には立腹してしまうというわけです。

実際に見えていることのようではない、を指して「**幻の如き**」と表現しています。

シャンティデーヴァはさらに続けます。

いずれかで何かを阻止すべきこともまた理に適《かな》っていないのではないかと言えば、それに依って苦しみが流れを断たれるものとなると主張することは不合理ではない。

（『入菩薩行論』第六章　32段）

では、幻なら存在しないので、それを阻止しようがないのではないか、と考えてしまうかもしれませんが、そうではありません。

幻とは何も存在しないということではないのです。先も述べましたが、この場合であれば、煩悩の影響によってそうなっているにもかかわらず、他の条件によらないで自力でしているように見えている、ということです。

しかし、条件を変えれば、受ける苦しみの流れを断つことができるのです。何か深い悩みを抱えている時、旅行に出かけると気分転換には確かになります。ですが、自分の抱えている問題から気をそらしただけで、問題はそのまま残っています。

忍辱行は、「対応策を講《こう》じずにそのまま被害を受け入れよ」というのではありません。敵愾心《てきがいしん》を持った相手と対応する時に、頭を冷静にしてどうしてそうなるのか、相手の問題点は何なのか、と分析した上で対応策を講ずる必要があります。

心が怒りの感情に苛《さいな》まれていては、ほとんど正しい判断ができないからです。カッと来て判断なしにやり返していてはいけないということです。

二〇一二年九月六日の説法でダライ・ラマ法王は次のように述べています。

「怒りは善悪の判断を狂わせます。怒りはあたかも自分を助けてくれたり、新たな勇気を与えてくれたりするような印象を受けますが、よく考えれば、自分を毀損《きそん》する以外のなにものでもありません。自分に危害を加える者が現れた時、怒りにとらわれずに冷静にリラックスをして、相手にどのように対応すべきか、相手の弱点は何かを分析してそこを突きなさい（笑）」

◆前世の自分の行為で、今苦しみを受けている――◆

次に前世からの業の結果、自分が危害を受けているという考え方についてお伝えしていきましょう。繰り返し述べておりますように、仏教の原則は因果応報です。

私が以前、有情に対してかくのごとくの危害を加えた。それゆえ、有情を害した私にこの危害が加わるのは当然だ。

（『入菩薩行論』第六章　40段）

まず、自分が不愉快な思いをした際、それは、前世での自分の行為の報いだと考えるのです。

凡夫が苦を望まずに、苦の因に貪染《とんせん》した結果、自分の過失で害を受けるものとなったのに、彼を恨む〔理由は〕**何処にあろうか。例えば、地獄の番人や、刀の葉っぱの森のように、自分の業でこれが生じたのなら、誰に対して怒るのか。**

（『入菩薩行論』第六章　45段、46段）

我々は誰しも苦を望まず、楽を望むのですが、我執によって近視眼的にものをとらえてしまうため、眼の前の楽をすぐ得ようとして、短絡的に嘘をついたり、他者に危害を加えたりして悪業を積んでしまいます。

悪業の結果は苦なので、結果として望みは叶わず、自分が害を受けるのです。その私自身の業に促《うなが》されて、私に危害を加える行為をしてしまった相手を恨むのは筋違いである、ということです。

例えば、地獄に堕ちた時の地獄の番人は、自分の悪業の結果で現れたものとするなら、今生で受ける被害も自分の業の結果だと考えよというのです。

ロサン・デレ師は、自分が危害を受けたり、辛い目にあった際に、「これで自分の悪業が解消した」と考えると、前世からの悪業を多く解消できるとおっしゃっていました。

不愉快なことがあった時に、単に悪業の報いと考えるだけでなく、動揺したり、怒ったりせずに、これで前世からの悪業も解消すると考えることができれば、あなたの対応は変わるはずです。そしてそれは間違いなく相当程度、悪業を解消できるはずです。

◆危害を加えてくる相手はありがたい――◆

忍辱行とは、先にも述べたように、いじめなどを受けても「そのまま我慢せよ」というものではありません。

ダライ・ラマ法王は、**「敵対者に対して、冷静に分析してウィークポイントを突け」**とおっしゃっています。忍辱は「相手のし放題にさせよ」ということではないのです。では、感情的にならず、冷静に相手を見るためにはどうすればよいのでしょうか。

シャンティデーヴァは次のように言います。

私の業に促《うなが》されてなしてから、私に諸々の被害が生じて、それで有情が地獄に堕ちるならば、私が彼らを滅ぼしたのか。

（『入菩薩行論』第六章 47段）

彼らを依処《よりどころ》として忍辱して私は多くの罪障を浄化する。私に依って彼らは長く苦しむ地獄に堕ちる。

（『入菩薩行論』第六章 48段）

私は彼を害するのに対し、彼らは私に役立つならば、狂暴な心よ、勘違いしてどうして汝は怒るのか。

（『入菩薩行論』第六章　49段）

私の悪業に促されて私に危害を加えたことで、相手は悪業を積んで地獄に堕ちるけれども、私は相手のおかげで忍辱行ができ、悪業を解消できる。

つまり、私の業に促されて悪業を積んでしまう相手は将来、因果応報で悪業を受けるけれど、自分は危害を加えてくれた相手のおかげで忍辱行ができ、計り知れない善業を積むことができる。

そう考えれば、「一時的な怒りにとらわれてつまらない悪業を積んではいけない。表面的な現象で怒ってはいけない」と判断できるという意味です。

◆相手を地獄に導く私に罪はないのか？——◆

では、自分のせいで相手に悪業を積ませているとするのであれば、自分にはその罪はないのでしょうか。

シャンティデーヴァは次のように言います。

もし私に考える功徳があるならば、地獄には行かない。もし私が私を守っても、彼らはここで何が生じるだろうか。

（『入菩薩行論』第六章 50段）

自分に対して危害を加えた相手は悪業を積みます。私が報復すれば、私も悪業を積むことになります。しかし自分で「これは、忍辱行の機会だ」と考え得るなら、当然、忍辱行という善業を積むので、その果として地獄に行くことはありえません。自業自得、自分のした業は自分だけがその果報を受けるという原則です。それは相手も私も同じなのです。煩悩に促されて悪業を積み続ける凡夫はその果として苦しみを受け続けます。私に危害を加え悪業を積んだ相手に対し、私に罪はありませんが、悪業の果を受けなければならない相手に慈悲を感じるなら、それは善業、菩薩行となるのです。

◆どんな時も、怒りの心を排除せよ――◆

仏像、仏塔、聖法を貶《けな》して壊す者に対しても、私が瞋恚《しんに》を抱くのは間違っている。仏等が損傷することはあり得ない。

（『入菩薩行論』第六章　64段）

ラマや親族などと　友人に危害を加える者達にも、先の恰好《かっこう》の機縁などから〔そう〕なると見て怒りを取り去ろう。

（『入菩薩行論』第六章　65段）

仏教ではともかく、怒りはだめだというものです。

仏像を破壊したりするなど、仏法を貶《おと》しめる者にも怒りを抱いてはいけない。親族や師匠に危害を加えられても、前世からの悪業の応報と考えるなどして、怒らないようにせよというのです。

これは先ほども述べましたが、対抗策を取ることを禁じて、ともかく我慢せよといっているのではありません。怒りに苛《さいな》まれてしまうことを戒《いさ》めているのです。


私自身、かつてこんなことがありました。ロサン・ガンワン師に習った『秘密集会《しゅうえ》タントラ』の成就法《じょうじゅほう》の中にある最初の場面で、成就法修行中に魔が入らないようにするため、真言を唱えながら、マンダラの外側でプルブ（金剛橛《こんごうけつ》）という武器で魔の頭頂から足の裏まで打ちつけて身動きができないようにするという観想があります。この成就法をしている時、真言を唱えている私の声を聴いておられた師が終了後、次のようなことをおっしゃったのです。

「魔に対し怒りの気持ちで作法をしているのではないか。魔も一切衆生である。一時的に魔となってしまってはいるが、それに対して怒りの気持ちで行をすると、悪業を積むことになる。プルブを打たれた魔の心には大いなる心の楽を生じている、と観想して真言を唱えなさい」と。

どのようなケースでも、怒りの心を排除せよという考えが貫かれているのです。

◆自分の悪口を言う人を、どう考えたらよいのか——◆

称賛されると、人は誰でも嬉しいものです。また社会的な活動をしていれば、誹謗《ひぼう》されることもあります。この称賛と誹謗をどう考えるのか。それがここでのテーマです。

称賛など、私を攪乱《かくらん》する。それゆえ、〔輪廻を〕厭《いと》うことも滅してしまう。功徳ある者に嫉妬し、円満していることを破壊する。

（『入菩薩行論』第六章 98段）

実際に、何をするにしても、何もわからない初心者のうちは大概、謙虚でいて嫉妬心に駆られることも少ないのではないでしょうか。

法王は心の修行をする僧侶も、初めは謙虚で嫉妬もほとんどないけれど、勉強して弟子も少しずつ出てきて、外国人の弟子などができるようになると慢心が起き、同等の者に対抗心や嫉妬が起こるケースが多々あるとおっしゃっています。

我々の社会でも、駆け出しの頃は仲の良い関係であった者同士が、互いに経済力がつき、権力を持つようになると、嫉妬や慢心によりたちまち関係が悪化することは日常でもあることです。

「**称賛など、私を攪乱する**」とは、そのような状態を指します。嫉妬や慢心は当然のことながら悪業です。

それゆえ、私の称賛など無くすために傍にいる者達、彼らは私が悪趣に堕《お》ちることから守るためにいるのかもしれぬ。

（『入菩薩行論』第六章　99段）

私が苦しみに入ろうとする時、仏のお加持《かじ》のように、扉を閉じる者　彼の者に対してどうして怒るのか。

（『入菩薩行論』第六章　101段）

自分の誹謗をする者は、自分の慢心を取り除く者として見てみよ、というのです。ロサン・ガンワン師から伺った話ですが、チベット仏教の中興《ちゅうこう》の祖とされるアティーシャ（九八二〜一〇五四）には、非常に人を不愉快にさせる随行の僧がいたそうです。ある人が、アティーシャに接見した際、「その随行はとんでもない者なので交代させてはどうか」と言うと、アティーシャは、「とんでもない者だから自分の傍に置いているのだ。あの者は私の慢心を取り除き、忍辱行をさせてくれる者だから」と答えたといいます。

確かにいかなる批判も、一面では看過《かんか》できない真理を含んでいます。それを受け入れるのはしんどいことですが、自分を誹謗する者は、自分を謙虚にさせ、慢心や、それに伴う嫉妬心など、悪業を積むのを阻止する守護者といえるかもしれません。

これは福徳の邪魔をすると言って、それに対しても怒るべきでない。忍辱に匹敵する苦行は無いならば、それに私は住しないのか。

（『入菩薩行論』第六章　１０２段）

もし、私が福徳を積む善行をしようとしているのに、それを邪魔するから怒るのだというならば、それは違います。忍辱行に匹敵する福徳を積む方法は他にはないというのです。

もし私は自分の過失のせいで　これを忍辱しないなら、すぐ傍にある福徳の因　これを私が〔自分で〕**邪魔するに過ぎない。**

（『入菩薩行論』第六章　１０３段）

「善行をしようとしているのに、それを邪魔するから」と言って怒るなら、それはもっと大きな善業を積む機会をふいにしています。忍辱行は短時間で膨大な福徳を積める得難い機会です。怒ってしまえば、せっかくの機会を自分でぶち壊すことになるからです。

◆自分に敵愾心《てきがいしん》で危害を加える者が修行には必要――◆

シャンティデーヴァが独自の理論をもって忍辱行の意味を説いていますので、ここでご紹介します。シャンティデーヴァの言葉を少しだけ私が補足説明しますが、最後には忍辱行をしなければならない気持ちになります。では始めましょう。

折よく現れた布施対象の物乞《ものご》いは布施行の妨げではない。出家の戒師《かいし》は、出家をする者の妨げというのは適切ではない。

（『入菩薩行論』第六章　１０５段）

当たり前のことですが、布施、寄付をしようと思っていた時に、ちょうどそのタイミングで現れた寄付を求める人は布施行の妨げではありません。また、僧侶の戒を授ける戒師はもちろん、出家の妨げではありません。何の話か少しわかりにくいかもしれませんが、以下に続きます。

世間に物乞いは多いが、危害を加える者は少ない。このようにこちらから危害を加えなければ、誰も危害をなさないのである。それゆえ、苦労無くして手に入れることができない。

（『入菩薩行論』第六章　１０６段）

宝庫が家で自然に生じたように、菩薩行の助けとなるゆえに　私は敵に歓喜する。

（『入菩薩行論』第六章　１０７段）

現在でも寄付を求める人や団体は多いかもしれませんが、確かにこちらから危害を加えたりしない限り、相手から危害を受けることは少ないと思います。

忍辱行は、布施行や戒を守る行など自分で主体的に臨む行とは違い、相手に危害を加えられなければ成立しない「受動的な行」なのです。従って、相手から危害を受け、不快な思いをした時こそが、忍辱行のチャンスです。

この者と私で成就したので、それゆえ忍辱の果は、この者に最初に安置してやるべきである。かくの如き彼《か》の者は忍辱の因である。

（『入菩薩行論』第六章　108段）

忍辱行は受動的な行であるため、危害を加える相手が絶対に必要です。相手によって成就した行ですから、忍辱行で積んだ善業は相手に回向《えこう》してあげましょう、といいます。

もし、忍辱を成就させてやろうという考えが無いゆえに　この敵を供養すべきではないというならば、〔善業が〕**成就する因に相応しい　聖法もどうして供養すべきか。**

（『入菩薩行論』第六章　109段）

「いやしかし、相手は自分に対して敵愾心こそあれ、忍辱行をさせてやろうという親切心は微塵もないですよ」というならば、「仏壇にある経典は紙に過ぎず、私に徳積みさせてやろうという気持ちがなくても、有難く供養しているではありませんか」というのです。

もし、この敵が危害を加えようという　思いがあるゆえ供養すべきでないというならば、医者のように役立とうと努める者に対し、どうして忍辱が成就しようか。

（『入菩薩行論』第六章　１１０段）

紙に過ぎない経典に徳積みさせてやろうという気持ちはないかもしれないけれど、少なくとも、危害を加える気持ちもない、とあります。これをたとえていうならば、次のようなことです。

歯医者さんで治療を受ける際、「痛ければ、手を上げてくださいね」と言われたりしますが、小さな子供でも、痛くて泣くことはあっても、歯医者さんに怒っているのはあまり見ません。これは歯医者さんが痛みを与えてやろうという動機でやっていないことを知っているからです。役立とうと思っている相手に対して、忍辱行は成立しないのです。

それゆえ、強く怒る心に依って忍辱が生じるなら、彼の者こそ忍辱の因であるゆえに、聖法のように供養するに値する。

（『入菩薩行論』第六章　111段）

従って、忍辱行は敵愾心をもって怒りの気持ちに苛まれている相手から、危害を加えられる時にのみ成立するのです。厭《いや》な相手こそ、自分の忍辱行成立の条件と考えて供養しましょう、自分にとって必要なものと考えましょうというのです。

◆衆生を想い、広大な福徳を積む――◆

さて、仏を供養するのはわかりますが、なぜ、そんな危害を与える酷《ひど》い相手を大切にする必要があるのでしょうか。

シャンティデーヴァは続けます。

それゆえ有情の福田《ふくでん》と勝者《しょうじゃ》の福田と牟尼は説かれた。これらを尊敬した多くの者はかくの如く〔二利〕円満の到彼岸を実現した。
（『入菩薩行論』第六章　１１２段）

有情と勝者は、仏法が成就することにおいて等しいゆえ、勝者を尊敬するように有情に対してしないのはどういう訳だろうか。
（『入菩薩行論』第六章　１１３段）

福田とは福徳を収穫する場所、対象という意味です。我々が成仏するためには、衆生と仏の二つの福田が必要です。仏の方だけ見ていても、成仏することはできません。なぜなら、仏に学んで衆生を相手に徳積みが必要だからです。その説明についてはつ次につながります。

思念の功徳が自性ではない。果の点からであるゆえに、それが相応して諸有情も功徳がある。そのため、それらは等しいのである。
（『入菩薩行論』第六章　１１４段）

功徳、即ち、能力の点から衆生と仏が等しいと言っているわけではありません。それに依って獲得できる仏果の点から両者が必要だというのです。ダライ・ラマ法王はこのことを次のように説明します。

「有情を見て無量の慈しみなどを観想し、無量の福徳を積むことを得るのは、有情の大きさです。仏に信心を観想することで、福徳が増進するのは仏の大きさです」

（ダライ・ラマ註釈P305 下6〜4）

即ち、衆生に対して慈悲を思うことで無量の福徳を積むのは、慈悲の対象の衆生が無数にいるためです。これが衆生の大きさだというのです。仏に信心すれば、福徳が増進するというのは仏の大きさ、第一章で述べた所依《しょえ》の力ということになります。この双方が必要だというのです。

◆仏への信心だけでは足りない⁉――◆

また、法王は次のような二人の僧に対する供養のお話をされています。

一人は自分の周りが全て骨で囲まれていると観想する僧です。この観想を〝不浄観《ふじょうかん》〟といいます。自分が異性などに執着してしまうことを避けるために、自分の周りが全て骸骨であるとあえて観想する方法です。もう一人は衆生に慈悲を観想する僧です。法王は、経典には不浄観を観想する僧を供養するより、慈悲を観想する僧に供養する方が、功徳が大きいと説かれている、とおっしゃいます。

それは、不浄観の僧侶は自分の欲望を生じないようにさせようとして観想しているので、立派な行為ではありますが、基本は自分のためです。しかし、慈悲の観想は対象が衆生なので、利他の心で広大な福徳を積むのです。従ってどちらの僧も福徳を積んでいるのですが、衆生を思う利他の心の方が積む功徳は大きいというわけです。

こう考えると、仏への信心だけでは足りず、衆生への利他の心が必要だとわかります。信仰心があっても自分のお願いだけでは、祈りは届かないのです。どんなにお願いしても、福徳なしに仏様が根負けして願いを聞いてくださるということは、仏教ではないのです。

衆生に対する姿勢について、シャンティデーヴァは次のように言います。

誰であっても楽により如来方がお喜びになるように、誰かに危害を加えるならお喜びにならない。それら〔有情〕が歓喜したら、一切の牟尼はお喜びになり、それに対して危害を加えるなら、牟尼に危害を加えることになる。

（『入菩薩行論』第六章　１２２段）

衆生を喜ばすことは、そのまま仏を喜ばすことになるのです。例えば、自分の得意先にお願いごとをする際、その人の可愛がっているペットに石を投げていたら、何度訪問しても願いが聞き届けられることはありません。

衆生に対して自分の父母より深い慈悲を持つ仏を喜ばす最高の方便は、衆生を喜ばすことなのです。逆に衆生に怒りをぶつけて危害を加えることは、仏に怒りで危害を加えるに等しいのです。

いずれか身体が火で燃えている時、一切の欲望で心は楽とならないように、有情に危害を加えたら、諸々の大悲を持つお方に喜んで頂く方便はない。

（『入菩薩行論』第六章 123段）

自分の手足全てに火が点いて燃えている時、どんな素晴らしい音楽も美味しい物も心に楽を与えることができないように、有情に危害を加えたら、何を供養しようとも、仏が喜ぶことはないのです。

二〇〇〇年にダライ・ラマ法王が来日されたとき、前年にアメリカのインディアナ州ブルーミントンでカーラチャクラの灌頂を一緒に受けたある宗教者が、次のような質問をしました。

「チベットの灌頂では、導師が仏様を観想している時に、その体内に弟子が全て入るとイメージする場面がありますが、そんなことをしたら、他人の業を全て引き受けてしまうことになりませんか？」と。それに対して法王は、こうお答えになりました。

「他人のなした業を自分が受けることはありません。自分がなした業は自分で受けるのが因果応報の法則だからです。しかし、チベットには〝トン・レン〟という行があります。〝トン〟とは自分がなした善業の果は衆生が受けることができますようにと祈願することです。また〝レン〟とは他人がなした悪業を自分が代わりに受けますようにという祈願です。因果応報ですから、そう祈願しても叶うことはありませんが、自分の衆生済度の決意を深めるのに役に立つのです」

この気持ちを究極まで高めた存在が菩薩です。その菩薩の慈悲に応えるには、衆生に慈悲心を持つこと。それが無理なら、怒りの感情をぶつけて危害を加えないように気を付けることが大切なのです。

◆敵対する相手の背後には地獄の番人がいる――◆

例えば、王の家臣が多くの衆生に危害を加えても、長い視野を持つ者達は、能力があっても対抗しない。

（『入菩薩行論』第六章　１２８段）

なぜなら、その者は独りでなく、王の力の背景があるからである。同様に小さな加害を軽視すべきでない。

（『入菩薩行論』第六章　１２９段）

例えば、企業でも、社長の息子さんが会社に新入社員として入って来て、経験もないのに偉そうなことを言っているなと思っても、とりあえず「はい」と答えるようなケースがあると思います。その時、裏では「あの人はおかしいよ」などと陰口を叩いても、正面では言いません。とりあえず面従腹背《めんじゅうふくはい》でも、そのような態度を取るようなことは想像可能だと思います。

このように地獄の番人と大悲を備えた方々がその後ろにいる。それゆえ、平民が王の横暴［を避ける］ように諸有情を喜ばせるべきである。

（『入菩薩行論』第六章　１３０段）

社長の息子の背景に社長の権力があるように、危害を加える相手の後ろには、地獄の番人がいるというのです。それはなぜかといえば、危害に立腹して仕返しをしたら、その時、善業は失われ、怒りの悪業の果で地獄に導かれてしまうからです。

従って、少々の危害でも忍辱行だと思って我慢し、「**王の横暴**〔を避ける〕**ように**」立腹せずに対応することが大切です。また、衆生を喜ばせるなら、それは大慈悲を備えたお方、即ち仏菩薩を喜ばせることになります。

第二章で、シャンティデーヴァの次のような言葉を紹介しました。

父であっても母であっても誰であろうと、そのような利他の心があろうか。神や仙人、梵天にもまた無いのではないか。

（『入菩薩行論』第一章 23段）

ギャルツァプ・ジェは、「このような利他の心は世間で子を思う父や母であろうと誰にもない」としています。父母は、子供の喜びを自分の喜びとします。父母が子を思う以上の、究極の慈悲心を備えた仏にとって、衆生の喜びはまさに自分の喜び以上のものであることはいうまでもありません。

「他者に役に立ちたいと思っただけでも、仏の供養に勝る」（『入菩薩行論』第一章27段）は、まさに衆生を喜ばせることは仏を供養する以上の功徳があります。そのことを踏まえて忍辱を考えれば、もしくは、忍辱行として自覚をすれば、忍辱するだけで徳は積むし、仏菩薩は大いに喜ばれるということなのです。

忍辱行は、敵をわざわざ前世の父母であったというように、思考を転換する必要はありません。まさに敵が敵愾心を持ったそのままの状態の認識で、むしろ敵愾心を持っているというその理由において、自分の忍辱行に有難い存在となるのです。

現代社会は成果を上げ続けることが難しい時代といえます。コロナのように予想を遥かに超えることが起き思い通りに行かないことがさらに多くなっていくことが予想されます。そのような流れの中でアンガーコントロールは必須アイテムといえるでしょう。怒りは他の善業も潰してしまいます。しかし逆に怒りを忍辱すれば、その刹那に膨大な善業を積むことができます。

仏は一切衆生に平等な慈悲を持っています。我々凡夫にはとても難しいことでありますが、段階的に進めていくことが仏道の特徴です。

そのためにはまず、自分にとって一番苦手な存在も、排除するのではなく忍辱行にとって必要な存在だと認識し、ある程度受け入れること、またしんどい場面でもキレずに対応していくことが肝要です。

反芻しながら、少しでもできる範囲で実践していければ、やがて第二章で紹介した、「**諸々の菩薩は厳しい重大事態に陥っても罪を生じず、善業が自然に増進する**」（『入菩薩行論』第一章　35段後半）という生き方に近づいていくことができるのです。

第四章

精進

善きことを積極的に行う理由

◆善いことは途中でやめてはいけない――◆

「精進」というと、ベジタリアンをイメージする方がいるかもしれませんが、ベジタリアンの食事を精進料理と呼ぶのは日本だけです。チベット語では「シャメカラ」といいますが、これは肉のない料理という意味になります。

日本では、真言宗などで僧侶の資格を得るための「加行《けぎょう》」という行をする際、行者は行中、肉や魚などの生臭《なまぐさ》を断ちます。行中の食事ということで、精進料理と名付けられたのではと個人的には考えています。

さて、この「精進」という言葉の意味について、シャンティデーヴァは次のように述べています。

精進はいずれであっても、善を喜ぶことである。

（『入菩薩行論』第七章　2段前半）

つまり、精進とは単に勤勉努力することを指すのではありません。善行を成就することを喜ぶ心、善業を積むために勤勉努力しようとする心の働きを指します。さらにわかりやすくお伝えするならば、善いことを積極的に行うことをいいます。続けてシャンティデーヴァは次のように言います。

その反対〔は何か〕説明しましょう。怠惰と悪行への執着やできないという諦め、自己否定である。
（『入菩薩行論』第七章　2段後半）

「精進」の反対、即ち精進を妨げる三要素を「怠惰」「悪行への執着」「できないという諦め」とします。

1. 怠惰

最初の「怠惰」を、シャンティデーヴァは「**懈《け》怠《だい》の楽を味わう**」（第三章　3段）としています。

ちょっと難しいところなのですが、「懈怠」と「怠慢」は似ていますが少し違います。怠慢は単なるルーズであることを指しますが、懈怠とは善業を積むのに怠慢であることを指します。

例えば、毎日仏様へのお勤めをしようと思ったけれど、寒い日が続くし、仕事も忙しかったり、忘れていたなどで、結局続かないケースを指します。

初めに準備を検討し〔やれるか否か確かめてから〕**始めるか、若しくは、**〔出来ないようなら〕**始めるべきでない。始めないことが最勝であって、始めたら、止めるべきではない。**

他生においてそれに慣れてしまい、罪や苦が増進するものとなる。他〔の善業〕**や果の時にも劣ったものとなり、それも成就しないものとなる。**

（『入菩薩行論』第七章 47段、48段）

これは、善いことをやると決めたら貫徹すべきであって、そのために、初めに準備段階で自分ができるか否かをよく検討し、できないと判断したら、止めておきなさいというのです。

そして、途中で挫折してしまったら、来世もそれが癖になって善行を始めてもまた止めてしまい、他の善業にも影響し、達成できなかったり、できても果報は劣ったものになったりするというのです。

二〇〇五年に、京都駅の貴賓室でロサン・ガンワン師とともにダライ・ラマ法王と謁見した時、当時ケートゥップ・ジェ作の『秘密集会タントラ』の生起次第の註釈をガンワン師に伝授していただいておりましたので、私はその報告を致しました。

その際、法王から「研究だけでなく毎日、成就法をしない（唱えない）のか」と尋ねられましたので、その場で私はすぐ「やります！」とお答えしました。帰りにガンワン師より「お前は〝やります〟と答えた。もしやらなければ、ラマを欺《あざむ》いたことになる。必ず毎日続けるように」と言われたのです。

一年後、師に一年間途切れずに続けたことを報告したら、「お前が積んだ徳は眼に見えないけれども、大阪中を覆《おお》っている」などとおっしゃっていただき、俄然やる気になりました。それ以降、十六年以上にわたって毎日続けています。

私の継続のモチベーションになったのは、この〝始めた限りは貫徹すべきで、そうでなければ、来世も中途で挫折する癖になる〟という教えでした。

◆無知は苦しみの根源となる――◆

2. 悪行への執着

二番目の「悪行への執着」とは、私のイメージでは酒や薬かと思っていましたが、二〇一三年九月四日のダライ・ラマ法王のお説教を拝聴していると、法王は「物質的なことのみを考えて日常を過ごすこと」とし、我々のほとんどがそれにあたるとおっしゃっています。

もちろん、物質的なものは日常で必要ではありますが、多くの人がそれを獲得することだけを究極の目標と考えて人生を送っています。物質的進歩のみを追い求めている生活、五感に感じる対象のみを追いかけて人生を終わってしまうことを、法王は「悪行への執着」とされたのです。

実際、精神的な満足を求めて仏教を学ぶのは歳を取ってからでよい、と考えていらっしゃる方は多いのではないでしょうか。

私の母は八十代の半ばで、仏教を学ぼうとしています。自分の母親のことをいうのはおかしいかもしれませんが、志は大したものだと密かに感じます。ただ実際は、体調のことなど様々なことが障害になって学びは進まないのが現実です。母の場合は息子に学んでいるという特殊な環境ですので、少しずつでも学ぶことが可能ですが、これは例外です。信仰は何歳からでも可能ですが、仏教の学びを晩年に始めるのはなかなか難しいことです。

ここで、ロサン・デレ師がよくお話しされる「森に行く師匠と弟子の話」という寓話を紹介いたしましょう。

大工の師匠と弟子の話です。弟子は師匠に「気分転換に森に行きましょう」と誘いますが、師匠はいつも「仕事が終わってからな」と答えます。何度か同じやり取りが続きました。ある時、二人は葬列に出くわしました。師匠が弟子に「あれは何だ？」と訊きました。弟子は「あれですか。あれは仕事が終わって森に行くところです」と答えました。

この寓話の意味は、〝仕事は死ぬまで終わらない〟というものです。

無論、チベットの出家者ではない我々には生活がありますので、全てを仏教の学びにあてることはできません。しかし、仏教に興味があり、人生の糧にすることを望むなら、情報化社会の進展により、仕事と仏教の学びの両立が十分可能な時代になりました。

お仕事が忙しいのはわかりますが、ちょっと精進の気概で挑戦していただきたい。これが「悪行への執着」の解釈に法王が込められたメッセージだと思います。

3．できないという諦め

これは空性の理解や菩提心など、とても自分には無理だと思ってしまうことなどを指します。

仏教は段階的に学んで、定着させていくことが肝要です。祈願だけで煩悩を克服することはできません。煩悩障の中心は愚痴《ぐち》、無明《むみょう》、即ち無知です。

例えば、チベット語を学ぼうとする人はチベット語の入門書などを全く学習せずに、祈願するだけでチベット語が読めるようにはなりません。このように一つひとつ無知である状態を、学習することで克服していくわけです。

苦しみの根源は無明、無知にあるわけですから、それを段階的に学んで克服していくのは仏教も同じです。従って一足飛びに進もうとすると、「できないという諦め」にぶつかります。

煩悩のなすがままにしているのは簡単なことですが、それと反対の方向性で行動しようというのですから、聞思修《もんししゅう》（聞いて、考えて、何度も心になじませていくこと）を繰り返し、自分の心に時間を掛けて仏教をなじませていくことが肝要なのです。時間を掛けることが当たり前なのだという基本的な理解がないと、「できないという諦め」に陥りやすいと思います。

◆身体の痛みから地獄を想像する――◆

菩薩が積むべき徳分は、二つあります。

ひとつは空性を理解しようとして積む徳分のことを「智慧資糧《ちえしりょう》」といい、今ひとつは布施《ふせ》などの利他の心で積む徳分を「福徳資糧《ふくとくしりょう》」といいます。この二つを積むことで菩薩道を歩んで行くのです。

我々凡夫は、我執により執着対象への欲求、怒りの対象への敵愾心《てきがいしん》、魔物などへの恐怖などで徳分を減らし、悪業を積み続け、苦を受け続けます。

しかし、空性をありのままにわかる境地に至った菩薩は、我執を相当程度軽減できるため、結果として悪業の蓄積を食い止め、利他行などの善業を積極的に積んでいくことができるのです。

因果応報が仏教の原則です。善業を積み続ける菩薩には果報として楽のみが訪れ、苦は訪れないというわけです。

これはあくまでも空性をありのままにわかる境地に達していることが前提となっていますが、その境地に至れば、計り知れない福徳資糧と智慧資糧を積むことができます。因果応報ですので、それだけの福徳と智慧の徳分を積めれば、果報は心身の「楽」しかないのです。

当然、空性をありのままにわかる境地以前の段階であれば、身体の痛みがあり、身体の苦しみはあります。しかしその際も、菩薩はその身体の苦しみから地獄・餓鬼・畜生の苦しみを想像し、それに比べれば、この苦しみは取るに足らぬと思って、衆生済度に一層、邁進《まいしん》するという趣旨をツォンカパは述べています。

ですが、これもあくまでも「そのように思念する力があれば」(TohNo.5408 fol.43B6)というのが前提で、納得感があり実行することに後悔がない、という条件を満たせばということです。

ダライ・ラマ法王は福徳資糧と智慧資糧を積んでそのような境地に至っていなければ、無理にそのような修行をする必要は全くないと強く戒めておられます。段階的に無理せずに、しかし継続的に境地を徐々に高めていくことが重要です。

◆人々を導き続けることに悲愴《ひそう》さはあるのか――◆

次に、永きにわたって衆生を導き続けることが求められる菩薩に、悲愴さはないのでしょうか。

シャンティデーヴァは次のように言います。

福徳で身体は快適で、智者であるゆえ、心が快適ならば、利他で輪廻に留まっていても、慈悲をお持ちの方にどうして悲しみがあるだろうか。

（『入菩薩行論』第七章　27段）

心身の苦しみに煩《わずら》わされるのは、わずかな時間でも苦痛ですが、菩薩は善業ばかり積んでいるため心身の苦はなく、どんな長期であっても、利他行に邁進して楽を受け続けるため、継続していくことに迷いやためらいはないのです。

弘法大師空海が晩年残した有名な言葉に、「虚空《こくう》尽き、衆生尽き、涅槃尽きなば、我が願いも尽きなん」というのがあります。

虚空とは我々の存在する空間である器世間《きせけん》を指し、衆生とはその中で暮らし、生死を繰り返す生きとし生けるもの、有情世間を指します。この我々が存在する空間である器世間は、仏教では我々の共通の業でできていると考えます。

例えば、新型コロナという世界を苦しめている疫病も我々の共通の業によって喚起されたものと考えるのです。

我々が全ての業を解消し、全てが悟りの境地に至れば、我々の業でできている空間、そしてそこにいる有情も輪廻から解脱すれば、その存在は消滅します。そして全ての有情が輪廻を脱して涅槃に入れば、涅槃と輪廻という分類もなくなります。そのような状態に至るまで、自分の衆生救済の願いは尽きることがないという意味です。

初めにこの言葉を聞いた際には、そのような永きにわたる祈願に正直、執念のような印象を受けましたが、今この文脈で考えると、この祈願も善業を積み重ねる菩薩道にとって自然に発せられる祈りのように感じています。

ちなみにシャンティデーヴァも同様の祈願をしています。

虚空がある限り衆生が居る限り、私も留まり続けて衆生の苦を取り除くことができますように。

（『入菩薩行論』第十章　55段）

◆人として生まれたからには前進する――◆

千万劫《せんまんごう》の数えられない間、多くの回数切られ、息を塞がれ、焼かれ、切り刻まれたが、菩提を得るものとならなかった。

（『入菩薩行論』第七章 21段）

私が菩提成就のためのこの苦は、限りある。刺さったものや身体の中の病原を取り除くため、身体を手術する痛みの如くである。

（『入菩薩行論』第七章 22段）

すべての医者も治療で不快な病を無くす。それゆえ、多くの苦を壊すため、少々の不快には耐えるべきである。

（『入菩薩行論』第七章 23段）

我々は輪廻の中で計り知れない回数、地獄などに堕ち、体を切り刻まれるような苦しみを受けてきました。ですが、その苦しみにより悟りに近づいたわけではありません。

一切智者の境地を目指し、利他のため菩薩行に邁進しようと決意したならば、最初は若干の苦労をするけれども、その苦しみには限りが必ずあります。たとえるならば、悪い病気を治すための医者による手術の苦しみのようなものなのです。
また、利他の気持ちで行う菩薩行は、身体的な苦しみとは別に、自分の「人」として生を受けたことに意味があったという満足感があります。そして善業を積めば、「楽から楽へと赴く」ようになるのです。

シャンティデーヴァは言います。

人という船に依って、苦の大河から解脱する。この船は後に再び得ることは難しいゆえに、愚昧な者よ、〔船を得たこの〕時に寝ている場合ではない。

（『入菩薩行論』第七章　14段）

私のように人間に生まれ、役立つことと有害なことが何かを知って菩薩行を捨てないなら、私がどうして悟りを得ないことがあろうか。

（『入菩薩行論』第七章　19段）

人として生を受けること、そして第二章にあったように、極めて得難い「有暇具足」という条件を備え、取捨選択の基準を知る今こそ、怠惰を捨てて精進しなさいというわけです。

◆精進成長し続ける気概をもつ――◆

次に、精進をさらに高めていく、即ちさらに善いことをするために励むには、シャンティデーヴァは次の四つの力が必要だとします。

それは「信解の力」「堅固《けんご》の力」「歓喜の力」「離脱の力」です。それぞれ説明していきましょう。

1. 信解の力

「善に向かう全ての根本は信解である」と牟尼《むに》は説かれた。その根本は常に異熟の果を観想したことによる。

(『入菩薩行論』第七章 40段)

信解とは、望むこと、そして信じ確信することを指します。

善に向かう全ての根本は、善業を望み、確信することだとお釈迦様はお説きになりました。そしてその大もとは、因果応報の法則で善業、悪業の果を各々観想することなのです。ギャルツァプ・ジェは「業と果の関係の確信が獲得できなければ、どんな仏法であろうと、勝者（仏）がお喜びだという確信を得ることはないゆえに、このことに努力しなさい」と説いています。

シャンティデーヴァは次のようにも言います。

信解は〔悪業の果である〕**苦を恐れ、**〔苦の因の悪業を捨てる〕**その利益を思うことで生じる。**

（『入菩薩行論』第七章 31段後半）

2. 堅固の力

堅固の力とは、慢《まん》を持つことです。

「慢」と「慢心」はよく似ていますが、違います。慢心はだめですが、慢は必要なものです。ここでいう、「慢」とは、別の言い方をするなら「気概」です。この慢には三種類あります。

①業の慢　②煩悩の慢　③力の慢

「業の慢」について、シャンティデーヴァは次のように言います。

私独りでやる、ということ自体が業の慢である。

（『入菩薩行論』第七章　49段後半）

煩悩により力が無いこの世間の者は　自利成就をもなし得ないゆえに、衆生は私のようにはできないので、それゆえ私がこれをすべきである。

（『入菩薩行論』第七章　50段）

つまり、「皆がやるからする。皆がしないから私もしない」ということではなく、凡夫は煩悩の力で自利をもできないのに、私のように利他に励むのは難しい。だから私は、彼らがやるか否かということに関係なく、私が利他をやり切ろう、と考えることです。

慢心ですべきではなく、私に慢心が無いことが最勝である。

（『入菩薩行論』第七章　51段後半）

しかしその際も、「凡夫の彼らは劣ったことをしているが、私は素晴らしいことをしている」と慢心してはだめだとします。

「煩悩の慢」

煩悩の慢とは、煩悩で慢心を起こして他者を軽視するような態度のように思いますが、全く逆で、何があっても煩悩に屈しないという「決意」と「気概」です。

シャンティデーヴァは次のように言います。

煩悩の中に住するならば、千の行相で忍耐すべきで、狐などが獅子〔に勝てない〕如く煩悩の集まりで害されることはない。

（『入菩薩行論』第七章　60段）

酷く困窮の状態となっても　人は眼を守るように　困窮状態にあっても煩悩に支配されるものとならぬ。

（『入菩薩行論』第七章　61段）

私が焼かれ、殺されようとも、若しくは首を切られようとも構わない。どのような場合でも煩悩という敵に屈する（尊敬する）ことはない。同様に全ての場合において〔煩悩を統御するための〕**理に適わないことはなさない。**

（『入菩薩行論』第七章　62段）

煩悩のなすばかりでは心の成長はありません。ここでいう「煩悩の慢」は、煩悩の力に屈せずに、自分の心を必ず成長させていこうという決意を指しています。

「力の慢」については、次のように説かれています。

死んだ蛇に会えば、烏も〔伝説の大きな鳥の〕**ガルダのように振舞う。もし私自身が下劣であるならば、小さな堕落でも害される。萎縮して努力を捨てて**

どうして窮乏から解脱できるだろうか。

（『入菩薩行論』第七章　52段、53段前半）

「私はできない」と萎縮していては、小さなことでも失敗につながります。根拠のない自信は傲慢ですが、根拠のある自信は「無畏《むい》」といいます。萎縮をしない性根の入った精進に邁進せよということです。

◆疲れ切ってしまう前に休憩する――◆

3. 歓喜の力

〔幼子が〕遊びの楽しみという果を求めるように、この行為の作業は何であっても、その作業に執着すべきである。その作業で満足することなく歓喜すべきである。

（『入菩薩行論』第七章　63段）

楽のために作業をなしても、楽となるか否か不確実であるけれども、いずれ

かの作業のみが楽となるそのような作業をどうしてなさずに楽〔が生じるだろうか。〕

（『入菩薩行論』第七章　64段）

幼子が遊びに夢中になると、疲れを知らずに遊びますが、そのように仏法に臨むということです。高野山大学の故堀内寛仁《ほりうちかんじん》先生の『理趣経《りしゅきょう》の話』に、鎌倉時代の明恵上人《みょうえしょうにん》の次の歌が紹介されています。

法楽即座に有り　末世を待つべからざれば
賀茂の祭もおもしろければ人は見る　かく楽しきは仏法の益

賀茂の祭とは、上賀茂・下賀茂両神社の御祭りで、古くは四月の第二の酉の日に行われ、祭りといえば、当時はこの祭りを指すほどのものであったようです。その賀茂の祭が楽しいので、たくさんの人々が見に行くように、私は仏教の修行が楽しくて仕方がないという歌です。この歓喜の力の項目を見て、明恵上人のこの歌を思い出しました。このような境地のことだと思います。

後半の「**楽のために作業をなしても、楽となるか否か不確実であるけれども**」という箇所は、普通の人が商売などをする際、その投資が成功するかどうか不確実であっても、成功し果を得ることを期待して実行します。しかし、上手く行くか否かはわかりません。ですが、菩薩行は善業なので必ず幸せになることができます。それがわかっていて実行しないで、楽になることがどうしてありましょうかという意味です。

鋭い刀の刃に付着する蜜に対する如き　欲望などで満足しないなら、異熟の楽を、〔そして〕寂静をもたらす福徳をもってどうして〔直ぐに〕満足してしまうのか。

（『入菩薩行論』第七章　65段）

鋭い刀の刃に付いた蜜はたとえ甘くても舌を切る危険性があります。それをわかりつつその蜜に執着してしまうこのたとえは、日常で五感の対象である物質的なもの、その本質は壊苦に過ぎないものに執着している我々のことを指します。

我々はお酒や異性など、その本質的には壊苦なる性質のものに飽くなき執着をし続け、今日も明日も享受したいと思います。しかし、仏法のお説教であれば、一度聴いたら、二度目は「前に聴いた」と思ってしまいます。実際は自分の心の有り様を全く変えることができていないにもかかわらず、簡単に満足してしまいます。

ロサン・デレ師は、このことを指して「法に満足する」と言われました。

4. 離脱の力

力が弱って影響が出てきたら、再びしていくために〔一旦〕止めるべきである。よくやり終えたなら、後に〔進む。〕後を望むゆえに、捨てるべきである。

（『入菩薩行論』第七章　67段）

仏教の目的は一切智者《いっさいちしゃ》（仏陀）を目指すことですが、そのためには、明晰な分析をもって集中して自分の心を細かく見つめなければなりません。これは身体が疲れて来たら、とてもできないことです。

ロサン・デレ師は種智院大学の講演会で次のようなお話をされました。

「或る時、中国の王が大工、工芸の職人そして僧侶の一流の方たちを招きました。そして御馳走をたくさん用意してそれぞれの仕事に当たらせました。大工や工芸の職人さんは一生懸命仕事をしましたが、毎日の御馳走で段々太りだしました。しかし、僧侶だけは同じように食事を摂っていても全く太りません。不思議に感じた王は『汝は他の者達のように激しい仕事量があるわけではないのに、なぜ太らないのか』と不審に感じ、調べたところ、僧侶は自分の煩悩と向き合い、自分の心を細かく分析し向上させていくために、七転八倒していたせいだったのです」

忍辱の章でラホールの釈迦苦行像の話をしましたが、この像から法王が想起されたのは、このお話だと思います。

そんな場合でも疲れ果ててしまうまでに一旦、行から離れて休憩することが大切です。疲れ切ってしまう前に休憩できれば、すぐにまた行に戻ることができます。清風学園剣道部で八段の審査に合格された二人の先輩にこのお話をしましたところ、深く同意しておられました。

そして、行に戻った時には、無理をして後悔するようでは、先も述べたように意味がありません。だからといって現状維持では成長がないわけです。さらに心を向上させていくため、前の段階の行を捨てて次の段階へいく必要があるのです。

◆老獪《ろうかい》な戦士のように煩悩と戦う――◆

老獪な戦士は敵と相対して戦地で剣を交えて戦うように、〔敵の〕煩悩の武器から離れて諸々の煩悩という敵を倒すよう心掛けよ。

(『入菩薩行論』第七章 68段)

これは煩悩と戦う上で、老獪な戦士のように、煩悩の力の強弱を測りながら、対策が打てる際には即座に対処し、対処することが難しくさらに強くなりそうな場合には、その場を離れるなどの臨機応変な対応をせよということです。

ダライ・ラマ法王は具体例として、聞思修《もんししゅう》に関して、「聞」のみを重視するあまり、他の「思」「修」の二つを措く場合、知識偏重となって慢心や嫉妬心を逆に強めてしまうことになってしまう。また「修」、即ち、観想を重視し、「聞」を軽視すれば、法を明晰に分析し何が必要で何が不要かを知る般若《はんにゃ》の智慧を持たずに、ただの思考停止になってしまうとおっしゃっています。そのように、煩悩という敵と戦う場合は、したたかな智者となる必要があるのです。

戦場で剣を落としたら、恐れて直ぐに拾うように、同様に憶念という武器を失ったら、地獄の恐怖を直ちに想起すべきである。

（『入菩薩行論』第七章　69段）

「憶念」とは仏法を思い出すことです。「正知」とはその教えを自分の心に照らしてみることです。

戦場で敵と戦っている時、剣を落としてしまえば大急ぎで拾うように、空や菩提心を観想している時に、ちゃんとイメージできなかったり、逆に煩悩をかき立てるような対象に気が行ってしまったりしていると気づけば、すぐに仏の教えを思い出し、自分の心に照らす正知をして修正しましょう、というものです。そして、憶念できずにボヤボヤしているとどうなるか。

シャンティデーヴァは次のように言っています。

何れか血に依って毒が全身に行き渡るように、機会を得たら、過失は心を占めるものとなる。

（『入菩薩行論』第七章 70段）

不愉快な状態を放置していれば、やがて怒りが湧いてくるように、仏の教えを思い出してすぐに対応しなければならないのです。

◆大いに喜ぶことで、幸せになれる——◆

大乗仏教の利他行は、無理をせずに自分で自分の心を確認しながら一歩一歩進めていくものです。身体を酷使したり、自分の財産を全てさし出すような、無理な苦行を求めるものでは全くありません。

しかし、そういったことがわからない人が多いのは、仏教を正しく学んでいないためです。我々は幸せになろうと思って祈りますが、ただ祈るだけで、どうすれば幸せになれるのか、その方法を知らずして幸せになることはできないのです。

幸せになるための障害が煩悩です。煩悩にはずっと慣れ親しんでいるので、煩悩のなすがままにいると、一見楽ですが、それでは怠惰による楽で悪業を積み、また無明による誤解のために悪業を積んでしまい、結果として苦しみばかりを受けることになります。

シャンティデーヴァは煩悩について次のように言います。

普通の敵は場所から放り出されても、他の場所等に居てよく掌握して、力を蓄えてそして戻って来るけれども、煩悩という敵はそのあり様が同じでは無い。

（『入菩薩行論』第四章　45段）

普通の敵はその場所から駆逐しても、他の場所で力を蓄えて戻って来ることがあります。しかし、煩悩は無明、実体がないにもかかわらず〝実体あり〟と思い込んでいる邪知《じゃち》、即ち誤解に基づいています。

例えば、人間関係で気まずくなっていても、互いの誤解であることがわかれば、もうそのことで立腹することはありません。それと同様に煩悩は誤解が実態ですので、正体がわかって駆逐できれば、二度と迷わされることはないのです。

因果応報の法則を確信した上で、その境地を目指して、自分は利他行をやり切れると確信し、善業を喜ぶ歓喜の力、疲れてしまう前に休憩する離脱の力などを駆使して上手に精進をする方法を説くのが、この章の眼目です。

シャンティデーヴァは最後に次のように言います。

何れか風が行き来したら、綿花がそれに従うように、同様に歓喜を以ってその動きに任せるならば、成就するものとなる。

(『入菩薩行論』第七章　75段)

風が吹けば、綿花が行き来るように、善に歓喜することで、精進に励んで善業が速やかに達成するようになるのです。

そして何より、善い行いを続けていれば、巡り巡って必ず苦は流れます。

第五章

禅定

幸せになるための隠された教え

◆なぜ多くの本山は人里離れた場所にあるのか――◆

日本でも高野山や比叡山、身延山、永平寺といった多くの宗派の総本山は、人里離れた場所にあります。チベットで寺のことを「ゴンパ」といいますが、これも人里離れた閑寂《かんじゃく》な場所を意味します。なぜ、寺はそのような場所にあるのでしょうか。

シャンティデーヴァは次のように言います。

身体と心を寂静に離すことで、散乱は生じることがない。それゆえ、世間を捨てるべきであり、妄分別を悉《ことごと》く放棄する。

（『入菩薩行論』第八章 2段）

ここで「**身体と心を寂静に離す**」とは、身体を喧噪《けんそう》から離し、心を妄分別から離すということです。

明恵上人《みょうえしょうにん》の歌に「きよ滝の　深く澄なん水色は　人けがすらん　そこは濁らじ」というものがあります。堀内寛仁先生は、この歌について「長い不断の修行はついに結んで世情に動かされず、その悟境《ごきょう》の確固《かっこ》たるがうかがわれる。」とされました。不断の修行で、どんな人と会って何があろうとも、自分の境地は揺らぐことはないという意味だと思われます。

ダライ・ラマ法王も、一九九〇年代前半に日本でインタビューを受けた時に、「あなたは怒ることがあるのか？」と質問され、「私はよく怒る方かもしれません。ですが、その時も心の底は風の吹いていない水面のように一定です」とお答えになっていました。このような境地にまで進めば、煩悩をかき立てるような対象でも心が揺らぐことは少ないでしょう。

ダライ・ラマ法王は、この『入菩薩行論』第八章2段が意味するところは、修行の初心者は、煩悩をかき立てる対象に、対策を巧《たく》みに講じて対応することは難しく、煩悩をかき立てる対象を捨ててしまうこと、即ち遠くに離れてしまうことが一番だとおっしゃっています。

執着のためと利得などに貪欲《とんよく》して世間を捨てない。それゆえ、智者はかくの如《ごと》く判断すべきである。

（『入菩薩行論』第八章　3段）

特にここでは煩悩のうち、執着との向き合い方が問われています。親しい人に対する執着や欲しい財、尊敬や名声などに対する執着です。それらの執着を捨てるために、取捨選択に巧みな智者《ちしゃ》が次のように分析して判断するべきとします。

〝止〟をよく備える〝観〟が　煩悩を壊すと知ってから　初めに〝止〟を獲得すべし。それも世間に執着ないことを本当に喜ぶことで成就する。

（『入菩薩行論』第八章　4段）

〝止〟とは心を一点に置く「禅定《ぜんじょう》」のことです。

煩悩を断滅するには、空《くう》を理解する必要があります。この心の働きが〝観〟です。様々な角度から空を考える智慧です。しかし、空性は難解で、我々が普段感じている〝実体あり〟という感覚でわかるものではありません。そのため、気が散って注意力散漫な状態ではとても理解しようがなく、まず心を一点に置く〝止〟を初めに獲得しなければならないのです。

そしてそれは、**「世間に執着ないことを本当に喜ぶことで成就する」**とありますが、執着の対象は色・声・香・味・触、即ち、視覚や聴覚など五感の対象から始まり、地位や名声など広範囲に及びます。

怒りは他の善業をも潰す性格を持ち合わせていますが、対象は基本的に人間です。しかし、執着の対象は人、物、名声など様々なものに及ぶのです。これらの世間的な執着から離れることで〝止〟、即ち心を一点に置くということが可能となるのです。

◆他者に批判されても落ち込まない――◆

シャンティデーヴァは凡夫について次のように言います。

高い者には嫉妬をし、同等の者には競争心。低い者には慢心を起こし、称賛《しょうさん》されれば傲慢になる。非難されれば、怒りを生じる。いつなら凡夫から利益《りやく》が得られるだろうか。

（『入菩薩行論』第八章 12段）

凡夫と親しくするなら、凡夫においては、自分を称賛し、他人を貶《おとし》めることや、輪廻を喜ぶ話など不善をどうしても生じてしまう。（『入菩薩行論』第八章 13段）

基本的に凡夫とはこのようなものなので、そのことをわかって付き合うことが肝要だというのです。さらに、シャンティデーヴァは次のように言います。

私を批判する他の者がいるならば、褒められて私は喜んでどうするか。私を褒める者が他にいるなら、批判されて落ち込んでどうするのか。（『入菩薩行論』第八章 21段）

「誰かに褒められても、反対に批判する人が必ずいるので大喜びして有頂天にならないように気を付けなさい。そして誰かに批判された際には、褒める人も必ずいるわけだから、それで非常に落ち込んでしまうことも意味が無い」というものです。

ダライ・ラマ法王も、この文は本当に心に資すると述べておられます。称賛や誹謗をされることで心が大きく揺れ、相手に執着や怒りを持たないようにすべきなのです。

◆全ての人に称賛される期待は捨てよ――◆

種々様々な有情を　勝者も喜ばすことができないなら、私如き劣悪な者は言うまでもない。それゆえ、世間〔からの称賛への期待感という〕思いは捨てよ。

（『入菩薩行論』第八章　22段）

人々は種々様々で、嗜好も異なります。お釈迦様に対してでも在世中に、怒って批判しに来た婆羅門《ばらもん》はいたし、他で誹謗する者もいたはずです。お悟りを得たお釈迦様でさえそうなら、我々如きには、批判する者がいて当たり前です。全ての人に称賛されようと期待して執着するのはやめ、自分の道を行きなさいということです。

有情は財が無い者を馬鹿にして、財がある者に誹謗を言う。共に在ることが

難しい本性の彼らから、どうして歓喜を生じよう。

（『入菩薩行論』第八章　23段）

なぜならば、凡夫は〔他者より多い〕**自利がないと歓喜を生じないゆえに、「どんな凡夫も**〔変わらぬ〕**友ではない」と如来はお説きになった。**

（『入菩薩行論』第八章　24段）

凡夫は財の無い者は馬鹿にして、財のある者には不正をしているような誹謗をいいます。そういう凡夫からは歓喜を得ることは難しいのです。なぜならば、凡夫は長期的に利益をなすものであっても、すぐに現れる利益が無ければ満足しないからです。

ターラ尊という女性で最初に成仏された仏様がいらっしゃいます。観音様が衆生済度を続ける中で、自分の手からこぼれてしまう衆生を憐れんである時、涙を流されました。すると、その涙はやがて海となり、そこに一輪の蓮が咲き、ターラ尊が現れ、「観音様、心配しないで。貴方の手をこぼれ出た衆生も私が必ず救いましょう」とおっしゃったという伝説があります。

このターラ尊を讃嘆する文として、「あたかも親しく見せる不善の友は、望みがあるときは友となるが、望みが叶わなければ忽《たちま》ち敵になる。汚れた世の友は信を置くに足らぬゆえ、私の本当の友はあなたです。」というものがあります。

善い時も悪い時も常に我々に慈悲のまなざしを向けて救おうとしてくださるのは仏様であり、凡夫にどう思われるかに期待をかけ過ぎてはいけないのです。

◆生まれる時も、死ぬ時もひとり――◆

この身体一つで生まれた際に、共に生じた肉や骨なども滅してそれぞれにわかれるならば、他の友人などは言うまでもない。

（『入菩薩行論』第八章 31段）

死に際して、家族や財産、名声も地位も全て置いていくのはもちろんのこと、この自分の最も愛しい肉体も全部置いていかなければならないのなら、友などと離れなければならないのは言うまでもないのです。さらに、シャンティデーヴァは次のように言います。

生まれる時は独りで生まれ、死ぬ際も彼《か》の者だけ独りで死ぬ。苦を分け前として他人が受け取らないならば、〔善業の〕邪魔をなす友が何をしてくれるのか。

（『入菩薩行論』第八章　32段）

ダライ・ラマ法王はよく、自分は暦を気にしない。その理由は人生の二大事、生まれてくる日と死ぬ日を選ぶことができないからだとおっしゃっています。

人は生まれてくる時も死ぬ時も独りです。死の苦しみを誰にも分かち合うことはできません。自業自得で自分の善悪の業の結果を自分で受けるだけなのです。わずかな期間、一緒に過ごしたとしても、その友と自分の死の苦しみを分かつことはできず、執着していては悪業を積むばかりだというのです。

◆欲望による苦しみは来世まで続く――◆

道行く旅人が　あたかも宿を取るように　同様に輪廻の道行く旅人も　生まれる場所を悉く取る。

（『入菩薩行論』第八章　33段）

我々は旅先で部屋を取る際に、その部屋のタンスや家具などの位置が気に入らないといって、それを移動させることはあまりありません。どうせ一晩の宿だと思っています。同様に輪廻の場所も日々、死に向かって過ぎていき、永遠にいられる場所ではありません。そこに執着せず、未来に継続していく心の向上に関心を向けることが大切です。

アーリアデーヴァの『四百論《しひゃくろん》』*1に「過ぎた時間は短く、未来は違うと思うなら、あなたは等しいものを等しくないと考えている」という言葉があります。法王はその意味を次のように説明されています。

「我々は〝今までの時間はあっという間だった〟と思いますが、まだ見ぬ未来は妄分別で長い長い時間のように感じています。しかし、過去があっという間だったように、未来もまた、あっという間なのです。そのことをわかった上で、今から仏教を学んで準備をしておかなくてはなりません」

シャンティデーヴァは次のように言います。

傍に誰もが　憂えさせたり、危害を加えたりしないゆえ、この者が仏を随念《ずいねん》するなどを誰もかき乱す者は無い。

（『入菩薩行論』第八章　36段）

この文意は、死に際して誰でも実際は大きな恐怖があるはずですが、その時は、〝心をかき乱さずに送ってあげ、仏を思いうかべることができるようにしましょう〟というものです。

最近のお葬式の中には、式場で遺族が死者に対して感謝や思い出を述べることがあります。送る側の気持ちはわかりますが、私はどうかと思っています。

というのも、私は今までチベットの阿闍梨方を何度も日本に招聘《しょうへい》させて頂きましたが、離日の際、送る側の名残惜しい気持ちとは裏腹に、帰る方は出国での煩雑な手続き、その際の言葉の心配などで気が気ではないのではと感じることが多かったからです。

高野山では葬送儀礼に際し、理趣経《りしゅきょう》を通常より遥かに速く唱えて送ります。これは死者が早く来世に旅立てるようにとの意図だと伺いました。こちらの方がふさわしいように私には思えるのです。そのためにも、日頃から仏教徒なら、仏教に親しんでおくことが大切なのです。

欲望ある者にそれら〔財産〕は過失が多く幸は小さい。車を引く家畜達が草を一口食《は》むようなものである。

（『入菩薩行論』第八章 80段）

家畜ができたとしても珍しくない 何れか小さな幸のために、円満した有暇具足というこの得難いものを 業で苦しむ者達は壊す。

（『入菩薩行論』第八章 81段）

欲望を抱く対象に執着するだけを目的として生涯を送るようなことは、牛車を引く牛に苦労が多くて、時々草を食む程度の小さな幸しかないのと同程度のことです。せっかく人として生を受け、その中でも得難い有暇具足（仏法を実践するための最高の条件を得た）

の人生を、そんな家畜でもできる幸せのために無駄にしては勿体ないというのです。要するに、今生の食を得ることのみで全人生を費やしてはいけないということです。それが人生の最期の時、決定的な違いをもたらすのではないでしょうか。

欲しい物は必ず滅するものとなり、地獄などに堕ちる。大きくないもののために〔する〕全ての時の疲労の困苦の何れでも、その千万分の一だけの苦労で成仏できるなら、欲望ある者は菩薩行より苦しみが多くて悟りは無い〔ゆえ、思考を切り替えよう〕。

（『入菩薩行論』第八章 82段、83段）

欲望の対象物は大抵の場合、享受し続ければ苦しみに変わる「壊苦」が本性です。それに執着し続けて悪業を積み重ねていけば、来世は地獄だというわけです。

どうしても獲得したいと思っているほど、実際には必要性がなく、それによって生じる苦労の千万分の一の苦労で成仏できる。欲望による苦しみは、悟りを成就するための苦しみより遥かに辛く、果は、さらなる苦しみ以外に何もないのです。

◆他者の苦しみを我がこととしてとらえる――◆

手など部位の種類の違いが多いけれども、どれも守らなくてはならない身体として同じであるように、同様に衆生も〔各々〕異なる〔けれども〕苦楽など、すべて私と同様で楽を求める点では等しく同じである。（『入菩薩行論』第八章　91段）

手と足、身体の部位はそれぞれ別ですが、どれも自分にとって守らなければならないものです。それと同様に、無数に存在する他者も、それぞれ種々様々な違いはありますが、苦を望まず楽を望む点で一切衆生は全く同じです。従って、他者の苦を取り除いてあげるように励むべきであるという趣旨です。

しかし、実際は全て自業自得なので、自分の苦楽と他者の苦楽は直接関係ないのではないかという疑問も浮かびます。これについてシャンティデーヴァは次のように言います。

もし私の苦で他者の身体を害さない〔というなら〕その通りであるけれども、私がそれを自分のこととしてとらえるゆえに、耐え難いのである。

（『入菩薩行論』第八章　92段）

同様に他者の苦などが　私に降りかかるものとはならないが、そうであっても、それは私〔が除去すべき〕**苦しみであり、我がものとするゆえに、耐え難い。**

（『入菩薩行論』第八章　93段）

自分の苦しみは他者には直接関係ありませんが、私にとっては我執、もしくは自己愛によって耐えられないものとなります。それと同様に、他者の苦しみは私に直接降りかかったものではないですが、その他者の苦しみを自分のこととしてとらえるゆえに、耐え難く感じるというのです。

まず、苦しみについて先に「三苦」を説明しましたが、その中心は「行苦」です。行苦とは、私達の苦しみの本質であり、日々傷んで衰えていくこの肉体に依ってしか生きていくことができない苦しみです。そしてそのような行苦を受け取らざるを得ない理由は、煩悩に依って業を積むことです。業を積んでしまう煩悩は、主なものに貪瞋痴がありますが、中心は「痴」、即ち無明、無知です。それは実体が無いにもかかわらず、実体が有ると思い込んでしまうことを指します。我執もこれにあたります。

例えば、自分にとって何らかの関係で不利益をもたらす苦手な相手を、実際には、単なる関係性でそう感じているだけなのに、実体ありととらえ、あたかも悪の本質を持っているように思って益々憎悪してしまうこと。また、関係性が良い相手を善なる本質を持つととらえ、益々執着し、これらによって悪業を益々積んで輪廻するのです。

無明による自分の誤解に気づき、実体は無いとわかることが、空性を理解するということなのです。実体が無いとわかれば、それに対して執着や怒りを持つことを回避でき、悪業を積み続ける循環を止めることができるのです。

他者も自分と同様に楽を求めて苦を離れたいと思っているのに、無知ゆえ、我執により逆に悪業を積んで益々苦しむことになっている。そのように考え、思いを習熟させることで、他者の苦しみを自分の苦しみととらえ、取り除いてあげたいと考えるようになるのです。実際、自分に親しい者の苦しみは、まるで自分に降りかかったように身近にとらえます。

私が他者の苦しみを取り除く。〔その理由は〕苦しみであるゆえで、〔あたかも〕私の苦しみと同様だから。私が他者に役立とう。〔その理由は〕有情であるゆえで、〔あたかも〕私の身体と同様だから。

（『入菩薩行論』第八章　94段）

私と他者は双方とも、楽を望むことは共通で、私と他者に如何なる違いがあるのかといえば、〔無いゆえに〕なぜ、私独りの楽に努力するのか。

（『入菩薩行論』第八章　95段）

◆あの人の苦しみは必ずわたしにも関係する――◆

もし彼の者の苦が私を害さないゆえに、守らない〔と言うならば〕未来の苦も〔今の汝に〕危害を加えないゆえ、どうしてそれから守ろうとするのか。

（『入菩薩行論』第八章　96段）

他者の苦しみは私には関係なく、他者を守る必要などないというならば、そう考えてはならないというのがこの項目です。

例えば現在、苦しみがなくても、自分で将来の苦しみに今から備えておくのはよくあることです。それと同様に、他者の苦しみも直接すぐには自分には関係ないように感じますが、必ず自分にも関係してくるというのです。

二〇一四年にダライ・ラマ法王が清風学園をご訪問下さった際に、全生徒に向けお話しいただきました。

その時、法王は生徒に「皆さんはこれからの世界の有り様に興味がありますか？　それとも自分の将来に興味がありますか？」とお尋ねになりました。ほとんどの生徒が自分の将来の方に手をあげましたが、数人の生徒だけが世界の有り様の方に手をあげたので、法王はお笑いになって「本当にそう思っていますか？」とおっしゃいました。そしてその後、次のように言われたのです。

「情報化社会の進展で、世界は密接に関係するようになってきました。そんな中、世界の人々が猜疑心に駆られ、互いに敵愾心に満ちている中で、独り幸せになるのは難しいでしょう。そして逆に世界の人々が親切心と助け合いの精神に満ちている中で独り不幸になるのは難しい。世界の有り様と皆さんの幸不幸は密接に関係があります」

このお話のように、他者に親切心を抱いて行動することは、そのまま自分に返ってきます。

法王はこの96段の文意を、二〇一三年一月九日の午後及び九月十二日の説法会で次のように解釈されています。

「目先の苦のみに眼をやるならば、他者の苦しみは自分に関係ないように感じますが、我執で自分のことのみを考えて、他者に思い遣りを持たないならば、必ず将来、自分の苦しみとして還って来るのです。我々人間は社会的動物です。自分の依る辺である他者を我執で放り出せば、それは勘違いも甚だしいということです。

例えば、農家の方が畑に肥料を撒いたりして大切にするのは、そこから収穫が上がるからです。お金を大切にするのは、それに価値があるからです。犬や猫なら可愛がれば喜んでそれに応えますが、お金や宝石はいくら気持ちを込めて重宝がっても、それを感受して応えることはありません。しかし、それを大切にするのは、そこから利益を得ることができるからです。

我々が善業を積んで楽を受けることができる最高の対象は他者です。それを放り出して、我執で自分だけ幸せになろうとしても、それは叶いません。我々の幸不幸は、他者に依って成り立っているのです。他者に対し親切心を持って臨めば、徳を積んで楽が訪れますし、強い我執の自己愛のため、目先のことばかり考え、他者を傷つけて悪業を積めば、全く望まないにもかかわらず、苦ばかりが訪れることになるのです。

利他の心は巡り巡って自利を実現します。例えば、自利のためにした布施と利他のためにした布施では、布施をするという所作は同じで、それで積む善根《ぜんこん》も同じですが、果は全く違います。自分は独りで、他者は無数です。他者を思う利他の心は全ての楽を生じる根源です。利他の究極は菩提心です。分別があり智慧がある者なら、菩提心を観想すべきです。そして、空性を観想すべきです」

◆他人の苦を背負えばさらに苦しくなる?——◆

慈悲にて苦は多くなるゆえに、どうして努めて〔慈悲を〕生じさせるのかといえば、衆生の苦を思念するならば、どうして慈悲で苦が多くなろう。

(『入菩薩行論』第八章 104段)

自分の苦しみだけでもしんどいのに、さらに他者の苦を思うなら、余計に苦が増すのではないかという疑問が生じます。その答えとしては、衆生の苦しみを思っても、慈悲で苦が多くなることはないというものです。

実際、自分で悩みを抱えている時に、友人からさらに大きな悩みを相談されると、自分の苦しみを忘れてしまうような経験はないでしょうか。

ダライ・ラマ法王がある時、説法会の途中で腹痛を起こされました。脂汗が出るほどの痛みでしたが、車で運ばれる途中、布の上に寝かされている貧しいインドの老人を見かけ、動くこともままならないほど重篤で、そばに誰もいなかったその老人のことをずっと考えながら病院に到着した時、法王は自分の痛みをすっかり忘れてしまっていたことに気づいたそうです。

自分に降りかかった苦しみと、慈悲に依って感じる苦しみは、本質が全く違います。慈悲に依って感じる苦しみは、自分にどうしようもなく降りかかった苦しみとは異なり、自分であえて積極的に選択した苦しみで、何とかしてあげたいという気持ちが根底にあります。

実際、我々も知り合いの悩みを聞かされた際、その悩みなら自分が解決できると感じたら、苦しみよりも勇気が湧いてくるのではないでしょうか。

ダライ・ラマ法王も**「利他を担って心に不快感が生じるなら、それは適切で偉大なものです。それにより善業を多く集め、自他全ての苦しみを除く力を秘めたものなのです」**（ダライ・ラマ註釈P４１７ 上２～３）と述べておられます。

慈悲に依って他者の苦しみを積極的に自分のものとして引き受けようとするのは、利他行そのものです。慈悲に依る苦は善業そのものだからです。

シャンティデーヴァは次のように言います。

もし、一つの苦で多くの苦を無くすものとなるなら、慈悲を伴うその苦しみは、自他に生じるべきものだ。

（『入菩薩行論』第八章　１０５段）

◆自分に近しい人々との特別なご縁を考える――◆

いずれか自分と諸々の他者をすぐに守りたい彼の者は　自他の交換する聖なる秘密を実践すべきである。

（『入菩薩行論』第八章　１２０段）

「**聖なる秘密**」とは、「器でない者に秘密」とギャルツァプ・ジェの註釈にはあります。ダライ・ラマ法王は、註釈の中でさらに踏み込んで「〔自他の交換という〕この方法は智慧の劣った者の心には受け入れられないゆえに、聖なる秘密である」（ダライ・ラマ註釈Ｐ４２２ 上10〜11）としています。

さて、ダライ・ラマ法王は二〇一三年一月十日にベナレスの説法会でこの文を説明される際、次のような趣旨のお話をされました。

それは、我々が、「一切如来が衆生済度の活動をできる限りなさっている今、私が成仏しようとしまいとあまり関係ないのでは、と思ってしまうことはないか」というものです。仏様が救済活動をなさっているのにできないのなら、私ごときが成仏しても無理だろう、という思いは確かに我々のどこかにあるかもしれません。それに対して法王は、よく考えてみるべきだとおっしゃいます。

例えば、ある行者の神秘体験の中で仏菩薩が現れ、「汝にご縁があるのは、この行者なのでそこに赴いて師事しなさい」との預言を受け、その行者のもとで苦行をして成就したという話は伝記などで聞きます。

こうした話に対してダライ・ラマ法王は、「仏菩薩が現れた時点で、直接、口伝を与えたらよいのに、わざわざ行者のもとに行かしたのには理由がある」とされます。第二章で「縁なき衆生は度し難し」というお話を致しましたが、まさにご縁が必要だというのです。

実際、ツォンカパの時代にツォンカパにご縁がなかった信仰熱心な仏教徒は多くいたはずですし、日本でも弘法大師空海が活躍した時代に、空海とご縁がなかった真面目な僧侶は多くいたでしょう。

救済され導かれるにはご縁が必要なのです。今あなたが発心して修行をしていこうとしているなら、自分のそばにいる人々は、自分にとって特別なご縁がある人々です。その人たちは、一切仏菩薩が済度をされるより、特別なご縁でつながる自分が菩薩行を実践して救済しようとするなら、遥かに迅速に導くことができるはずだというのです。

自分がより早く成仏できれば、もしくは成仏にまで至れなくとも、境地を上げていければ、その人たちをより早く救済することができます。

そう考えるなら、一切如来が衆生済度を続けている時に一切如来が利益できるなら、自分も利益するだろうし、自分ごときが成仏しようがしまいが関係ない、という考えは誤っているとわかるはずです。

◆親切心を仇となされた時――◆

心よ。汝は自利をなしたがって阿僧祇劫《あそうぎこう》過ぎてもかくの如き大いなる徒労で、汝は苦しみのみを成就してきた。

（『入菩薩行論』第八章　１５５段）

そのように必ず諸々の他者の利益をよく始めよ。牟尼の教誨《きょうかい》は欺きなきゆえに、その功徳を後に見るものとなる。

（『入菩薩行論』第八章　１５６段）

阿僧祇劫という気の遠くなるような永い時間にわたって輪廻転生を繰り返し、自利を成就し楽が実現したらと思い、我執でなしたことは徒労だった。狭い視野で楽を得ようと、他者を傷つけたり、執着で悪業ばかりを積んで、苦の果報ばかりを受け、全部徒労でしかなかったということです。

楽をいくら望んでも、望むだけでは叶いません。しかしまた、ただ、「我執を捨て他者を大切にしよう」というだけでは、「立派なことだとは思うが、現実は難しい」と考えてしまいがちです。

仏教を学び、因果応報の法則を信じて理解し、自分に楽を望むなら、善業を積むこと、利他に努力することです。そして、究極の利他の心が菩提心です。菩提心とは、一切衆生を全ての苦から離して、完全なる楽を成就させる心です。そして菩提心を起こす方法が自他の交換なのです。

「牟尼の教誨は欺きなきゆえに、その功徳を後に見るものとなる」とはつまり、仏の教えは間違いないゆえに、そのように努めるなら、結果は必ずついてくるというのです。

以前、勉強会の受講者の一人から、「親切心でやっているのに、敵愾心を持たれてしまうこともある。それはどう考えればいいのですか？」と質問を受けました。これについての答えが次のシャンティデーヴァの言葉にあります。

もし汝が過去においてこの作業をなしていたならば、仏の完全な楽を欠いている、〔我々凡夫の今の〕**このような状態はあり得ない。**

（『入菩薩行論』第八章　１５７段）

にわかに親切心を起こしてもそれですぐに答えが出るわけではありません。現代人はすぐに答えを求めますが、そんなに簡単ではありません。「この作業」とは自他の交換、即ち我執にとらわれず利他を行うことを指します。
また、ここでの過去とは過去世とも取れますが、私は過去世にまでさかのぼらずとも、今生でも〝先からこの自他交換の利他行に着手していれば〟と解釈したいのです。

◆利他の気持ちこそ、本当の幸せをもたらす――◆

要略するなら、自分の利益のために、汝は他者に危害を加えたことは何であってもその危害が有情のために私に降りかかりますように。

（『入菩薩行論』第八章　１６５段）

自分の利益のために他者に危害を加えた悪業は、必ず自分に苦しみとして降りかかります。なぜこんなつらい目にあうのか、と思う時、これは過去世の我執に依る悪業のためだと思い、相手に対する怒りを抑えるのが、仏教徒の考え方です。

ここではさらにそれを「**有情のために私に降りかかりますように**」と祈願するのです。先に「苦しいなら、一切衆生の苦しみを背負って、衆生の海を枯らすことができますように」との趣旨の菩薩の祈願を紹介しましたが、ここではそのように考えなさいという意味です。

何事も自業自得ですので、自分の悪業の果を苦しみとして自分が受けているだけなのですが、仏教はモチベーションの宗教です。自業自得の苦を受けながらも、一切衆生の苦を自分が引き受けていると考えるなら、善業を積むことができるのです。

なぜなら、それは利他の心だからです。利他の心は、実効性があればベストですが、実効性がなくても、思うだけで善業を積むことはできます。一切衆生の苦をこの苦しみで自分が肩代わりをしようとしても、実際は自業自得ですので実効性はありません。

また、自分が苦しみを味わい、それで一杯一杯なのに、その上、自分の側から他者の苦も引き受けようと思うことは、精神的負担が大きく、チベット僧にとってさえも簡単なことではありません。しかし、これも菩提心の修行法の一つです。苦を受けて悪業が解消するばかりでなく、同時に計り知れない善業を積める方法だと思います。

全ては因果応報です。善業を積むことなく、いくら祈願だけしても幸せにはなれません。そして善業を積む対象は無限に存在する他者なのです。

自分だけが幸せになろうとすると悪業を積むばかりです。親切心・利他の気持ちこそが善業を積み、巡り巡って本当の幸せをもたらす近道なのです。それこそ、ここで説かれる秘密の教えです。

＊1――『四百論』……ナーガルジュナの高弟のアーリアデーヴァの主要著書。ナーガルジュナの空の観点からサーンキャ派などの仏教以外の外教を批判する内容を多く含む。

おわりに

チベット僧のお顔に日本の仏像を想う

私が現在、三代目の校長を務める清風《せいふう》学園は、真言宗と関わりが深く、初代の理事長である平岡宕峯《とうほう》は高野山真言宗の大僧正《だいそうじょう》でした。私は祖父でもある平岡宕峯の影響を強く受け、小学校三年生の頃から自然と毎日欠かさず般若心経を唱える習慣がついていました。大学時代も寮の部屋に祭壇を作って毎日お勤めをし、仏教には深くなじんでいました。

大学卒業後は、教員をしながら真言宗の宗門の子弟として種智院大学で聴講生となります。当時、師事していた種智院大学教授の北村太道《たいどう》先生は清風学園の定時制の教員でもいらしたご縁もあり、一九八五年、私はチベット密教調査団の一行に加えていただき、インド亡命中のチベットゲルク派の密教総本山であるギュメ寺を訪問しました。それが、私のチベット密教との最初の出合いです。

初めて直に触れた密教の世界で、美しい砂曼荼羅《すなまんだら》に感動すると同時に、何より深く印象に残ったのは、ギュメ寺の僧侶のオーラと申しますか、そのお顔でした。

法要《ほうよう》に集中し、仏を観想している僧侶方の表情が日本の仏像のようだと感じたのです。どちらかというとチベット仏の表情はどこかユーモラスな感じがします。

それに比べ、日本の仏像の表情は厳粛な感じがしますが、読経をしたり、観想を続けるチベット僧の表情は、まさにあの日本の仏像のようだと思いました。そして帰国後、チベットの高僧が日本の仏像のような表情をしているのではなく、あのような修行中の高僧の表情を模して作ったものが、日本の仏像ではないかと思うようになりました。


その後、さらに仏教の見識を深めたいと考え、私は高野山大学大学院に入学しました。当時の高野山大学は恩師の松長有慶《まつながゆうけい》先生や堀内寛仁《ほりうちかんじん》先生などの碩学が多くいらっしゃり、とても充実していました。

ですが、運命とは不思議なものです。その頃、茨木の弁天《べんてん》宗で砂曼荼羅を作るため、ギュメ寺の僧が八人来日され、私も手伝いに行くことになったのです。

そして、毎日通ううちに、団長のギュメ寺副管長であるゴソー・リンポーチェから「ギュメ寺に来て勉強してみないか」とお声をかけていただき、一気にその気になったのです。

大学院での学際的な勉強とは異なりますが、チベット僧の学びを自分も体験したいと思ったからでした。

そして一九八八年、私は五か月のスチューデントビザを取得し留学しました。ギュメ寺での学びは、それは想像を絶するほど素晴らしく、結局、五か月が二年となったのです。ギュメは当時、亡命地のインドでは経済的に厳しく、多くの僧侶が食堂などで交代でアルバイトをし、その資金でお寺を維持しているというギリギリの状態でした。そんな現状を知り、同じ仏教徒として、特に密教を信仰する者として、私の父である平岡英信《えいしん》が中心となり、日本人によるギュメ寺ギュメ本堂の新築のプロジェクトが立ち上がりました。一九八七年のことです。

父がギュメ本堂新築の施主をさせていただいた関係もあり、留学した私に最高の教育環境を提供してくださったのです。チベット語が少しわかるようになって就いた最初の先生は、デプン寺ロセルリン学堂のゲシェー（仏教博士）、ガンワン・フントゥプ師でした。一九八八年十二月十九日から一九三日間掛かってツォンカパの入中論の註釈を読んでいただきました。

そして、師はその最後の日、私にこうおっしゃったのです。

「今回は外国の授業のような形式で講義をしたが、本来、法を求める時は、まず三礼《さんらい》してから説法を拝聴するようにしなければならない。将来そのような機会があれば、必ずそうするようにしなさい。また、私はお前が法を求めたから、それに応えて法を説いたが、お前が将来、誰かにこれを教える機会があっても、対価を求めて法を説いてはいけない」

増谷文雄の著書『仏陀』の中で、論難《ろんなん》に来た婆羅門《ばらもん》が釈尊《しゃくそん》の説法に納得し、供養を捧げようとしたところ、「われは偈《げ》を唱えて食を得るものに非《あら》ず」と答え、その供養を断る話が出てきます。これは〝尊敬すべき聖者として供養されたものを受けるのはよいけれど、対価を求めて説法をしてはいけない〟という趣旨です。釈尊の時代から二五〇〇年を経ても、その精神がここに残っていると感じ大変感動しました。

ヒマラヤを越え、インドへ亡命

チベット仏教ゲルク派では、大乗仏教の勉強（顕教《けんぎょう》）を「ガンデン寺ジャンツェ学堂・シャルツェ学堂」「セラ寺チェ学堂・メ学堂」「デプン寺ロセルリン学堂・ゴマン学堂」の三大寺六学堂で三十年以上学んだ後、ゲシェー（仏教博士）となった者はギュメ寺、もしくはギュメ寺から分かれてできたギュトゥ寺に行って一年間、密教を学ぶことになっています。

一九八八年の暮れにギュメ寺副管長のドルジェ・ターシ師とともにダライ・ラマ法王に謁見《えっけん》した際、副管長が「ギュメにもっと多くの英才が集うように法王からも呼び掛けてください」と泣いて訴えられました。その甲斐あり、翌年の一九八九年には、セラ寺チェ学堂から〝ミスター入中論〟こと、ロサン・デレ師（ギュメの第一〇一世管長を務めた後、セラ寺チェ学堂の管長も歴任）をはじめとする各本山を代表するスーパースターの僧侶がギュメ寺に入山され、一気に活気づきました。

その中でもダライ・ラマ法王からご寵愛《ちょうあい》が厚く、三千五百人のガンデン寺一の秀才として、ひときわ有名であったのが、ロサン・ガンワン師でした。師はゲシェーとなった年に、「ギュメ寺に行くべきか、山に籠もって生涯そこで過ごすべきか、或いは今しばらくガンデン寺に留まるべきか」を法王に占っていただいた結果、ガンデン寺に残っていらっしゃったのですが、この年、法王からギュメに行くように指示されたのです。

顕教・密教のどちらにも精通した、ロサン・ガンワン師は、弟子たちに教える際に、典《てん》拠《きょ》がどの典籍《てんせき》の何ページに出ているかまで答えるので、ギュメでは〝シュク（ページのこと）ゲシェー〟と呼ばれていました。

私はギュメの施主の息子ということで、この望んでも出会えない仏教世界のスーパースター方の講義を、一対一で受ける機会を得たのです。さすがにギュメ寺僧侶から不満が出ましたが、「こちらには勉強している者はたくさんいるが、日本には一人もいないのだから、理解してやれ」と管長や副管長が説得をしてくださったと後で聞きました。

ロサン・ガンワン師の講義は午前十時からの一時間半でしたが、興に乗って来ると三時間にも及びました。その結果、私の予習してきた範囲が切れたとわかると、師は口には出されませんが、明らかに機嫌が悪くなられるので、私は一日中、予習をして臨みました。ありがたいことに、師は一日の休みもなく、帰国までの百三十日間、毎日講義をしてくださいました。

そのようなご縁から、私はロサン・ガンワン師が二〇〇九年に遷化されるまでの二十年間、師事しました。日本にも六度お越しくださり講義をしていただきました。ガンワン師の講義は師がお疲れになるまで続くかたちで、四時間くらい続くのは当たり前。長い日は七時間も教えていただいたこともあり、二〇〇六年の来日時には私が突発性の難聴になったことも、今となっては善い思い出です。

ロサン・ガンワン師についてもう少しお伝えすると、師は一九五九年にダライ・ラマ法王がインドに亡命したことを知り、戦火の中、自分の師匠でもあり叔父でもあるロサン・テンパ師とともに、七か月かけてヒマラヤを歩いて越え、インドに亡命されました。

その道中、雪の中に隠れる生活は厳しく、食糧も無かったため、師匠に「もう無理です。中国軍に投降しましょう」とお伝えになったことがあるそうです。すると師匠が、「般若経に『中央で栄えた仏教は南に行き、やがて北に行き、最後に中央に戻り、世界に広がる』とある。これはブッダガヤなどの北インドで栄えた仏教がナーガルジュナの時代に南インドへ行き、やがて北のチベットに伝わったことを意味する。最後に中央に戻るとは、今回の法王様のインド亡命をきっかけに、仏教が世界に広がることを意味するはずだ。若いお前は法王様のお手伝いをするのだ」とおっしゃり、師は俄然やる気になられたそうです。

また道中、雪の反射がキツイ場所では、師匠は一つしかないサングラスを「お前にはこれからがあるのだから」とガンワン師に掛けさせ、ご自分は布を眼の前に垂らして過ごされたそうです。その結果、師匠は眼が見えなくなってしまわれました。ですが、「清流の湧き水が良いと聞き、それを師匠に飲ませ、眼を洗っているとやがてまた見えるようになってほっとした」という話も、懐かしそうに語ってくださったことがあります。

釈尊の教団の気質を残すスーパースター

この両師は何とか無事にインドに到着しますが、六十歳を過ぎていたロサン・テンパ師にとってこの旅路は過酷過ぎました。腹痛を起こし、すぐにインドの病院に入院。難民収容所にいたガンワン師は師匠のところへなかなか行くことができず、悶々と過ごすことになります。

しかしある日、収容所に病人が出ます。その付き添いをガンワン師が名乗り出て病院に行ったところ、既にその日の朝、師匠が亡くなったことを知ったそうです。一九六〇年八月の終わりのことでした。

私が一九六一年六月の半ばに生まれていますので、ガンワン師は、私が自分の師匠の生まれ変わりではないかと、一九九七年頃からおっしゃってくださるようになりました。

二〇〇七年から二〇〇八年、師が胃がんを患い肝臓に転移したため、私からお願いして、治療のため御弟子さんとともに来日していただきました。私の狭いマンションで過ごしていただいたのですが、この時も調子が悪くない限り、必ず講義をしてくださいました。

私は師に長生きしてもらいたい一心で、病院は二十軒以上一緒に参りました。善い気功の先生がいると聞いては遠くに出かけたこともありました。特に当時、四天王寺病院にいらっしゃった奈良県立医大の穴井洋先生は休みも関係なく治療をしてくださり、余命五か月と言われた大切な命を二年延ばしていただきました。しかし最後は、「日本の医療をもってしても、自分の病状が良くなることはもう期待できない。ガンデン寺に帰りたい」と師がおっしゃり、家内とともにガンデン寺までお送りしました。

その時のことも忘れることができません。ガンデン寺ジャンツェ学堂の本堂裏には、チベット当時の彫刻があります。それを指して師が「ここに一緒に住んでいたんだ。お前は思い出さないか」といたずらっぽくおっしゃったのです。

また、到着したその晩は、ガンデン寺ジャンツェ学堂に六年に一度回ってくる問答大会の日でした。問答の様子が見えるベンチに師と二人で座り、マイクの声が聞こえる中、師は私に静かにこう言いました。
「来世、日本人に生まれるか、チベット人に生まれるか、そんなことは考えなくてもいい。来世も今生と同様に仏教にご縁があるよう祈願しよう」
満天の星が輝いていました。それが師匠と過ごした最後の晩でした。

師が遷化された後、家内が師と過ごした日々のことをまとめて『クショラ（和尚様）』という本を出しました。その本を持ってダライ・ラマ法王に謁見《えっけん》した際、中の写真をご覧になった法王が落涙されました。父が、「年老いた僧侶が遷化するのは寂しいことです」と言うと、「老僧が亡くなったから涙しているわけではない。類稀《たぐいまれ》なる高僧を失ったから泣いているのだ」と法王はおっしゃったのです。

さて、現在のギュメ寺には多くの外国の施主が来るようになり、経済的にはかなり豊かになりました。同時に時代の波には勝てず、ギュメ寺の僧侶たちも自室ではスマホの使用が許可されています。また十年ほど前からゲシェーには月給を払うようになりました。私が居た時には考えられないことでしたが、海外に優秀な僧侶が流出するようになってきたため、仕方がないことなのかもしれません。

私は振り返って、本当に善い時期に留学することができたと思っています。チベット動乱前の古き良き時代の、釈尊の教団の気質《きしつ》を残すスーパースターの高僧方に仏教を学ぶことができたからです。私がお世話になった先生方はほとんど遷化されましたが、教えていただいたものは私の中に蓄積されていると思っています。この本を通して、その息吹を感じていただければ、この上ない喜びです。

そして、この本を出版するにあたり、ご尽力いただきました幻冬舎の皆さまにこの場をかりて深くお礼申し上げます。また、この本の企画・立案から完成に至るまで全面的に協力いただいた東京勉強会の稲垣麻由美さんに、心より感謝を捧げます。

混迷の時代に、暗闇の中、この本が進むべき道を照らす灯明となることを祈念しています。

参考文献

増谷文雄『この人を見よ　ブッダ・ゴータマの生涯／ブッダ・ゴータマの弟子たち』佼成出版社、２００６年
沖本克己、福田洋一編『新アジア仏教史09　チベット　須弥山の仏教世界』佼成出版社、２０１０年
京都仏教各宗学校連合会編『新編 大蔵経　成立と変遷』法藏館、２０２０年
ダライ・ラマ十四世　テンジン・ギャッツォ『ダライ・ラマの仏教哲学講義　苦しみから菩提へ』福田洋一訳、大東出版社、１９９６年
ダライ・ラマ十四世　テンジン・ギャムツォ『ダライ・ラマの仏教入門　心は死を超えて存続する』石濱裕美子訳、光文社知恵の森文庫、２０００年
ゲシェー・ソナム・ギャルツェン・ゴンタ『チベット仏教・菩薩行を生きる　精読・シャーンティデーヴァ「入菩薩行論」』西村香訳註、大法輪閣、２００２年
齋藤保高『チベット密教 修行の設計図』春秋社、２００３年
増谷文雄『仏陀　その生涯と思想』角川選書、１９６９年
シャーンティデーヴァ『菩薩を生きる　入菩薩行論』寺西のぶ子訳、長澤廣青監修、バベルプレス、２０１１年
堀内寛仁『理趣経の話（増補版）』高野山大学出版部、１９８１年

ツォンカパ遷化600年御遠忌記念事業にて、ガンデン寺シャルツェ学堂の管長(左)と著者

平岡宏一（ひらおか・こういち）

1961年、大阪生まれ。清風学園専務理事、清風中学・高等学校校長。

種智院大学客員教授。早稲田大学第一文学部卒業後、種智院大学を経て、高野山大学大学院修士課程修了。1997年、同大学院博士課程単位取得退学。2020年、高野山大学より『秘密集会タントラ概論』で博士(密教学)を授与される。高野山真言宗僧侶。

1988年から89年にかけてインドのギュメ密教学堂に留学し、多くの密教典籍を学んで外国人として初めてCERTIFICATE(正式に伝授されたことを示す証明)を受ける。

1990年よりダライ・ラマ法王の密教関係の通訳を10回以上務める。

2019年にツォンカパ遷化600年御遠忌記念としてギュメ密教学堂で開催されたゲルク派主催の密教問答大会において、外国人としてただひとり指名を受け、日本の密教の紹介とチベット密教との違いに関する発表を行う。

訳書に『チベット死者の書』(学研M文庫)、著書に『秘密集会タントラ概論』(法藏館)、共著に『チベット密教』(春秋社)、『須弥山の仏教世界』(佼成出版社)、『アジアの灌頂儀礼』(法藏館)などがある。2021年10月に『チッタマニターラ　瑜伽行修道の方法』(仮題、法藏館)を刊行予定。

●清風学園　https://www.seifu.ac.jp/

運命を好転させる隠された教え　チベット仏教入門

2021年8月25日　第1刷発行

著　者　平岡宏一
発行人　見城 徹
編集人　福島広司
編集者　鈴木恵美

GENTOSHA

発行所　株式会社 幻冬舎
　〒151-0051　東京都渋谷区千駄ヶ谷4-9-7
電話　03(5411)6211(編集)
　　　03(5411)6222(営業)
振替　00120-8-767643
印刷・製本所　図書印刷株式会社

検印廃止

ISBN978-4-344-03817-2　C0095
幻冬舎ホームページアドレス　https://www.gentosha.co.jp/

この本に関するご意見・ご感想をメールでお寄せいただく場合は、
comment@gentosha.co.jpまで。